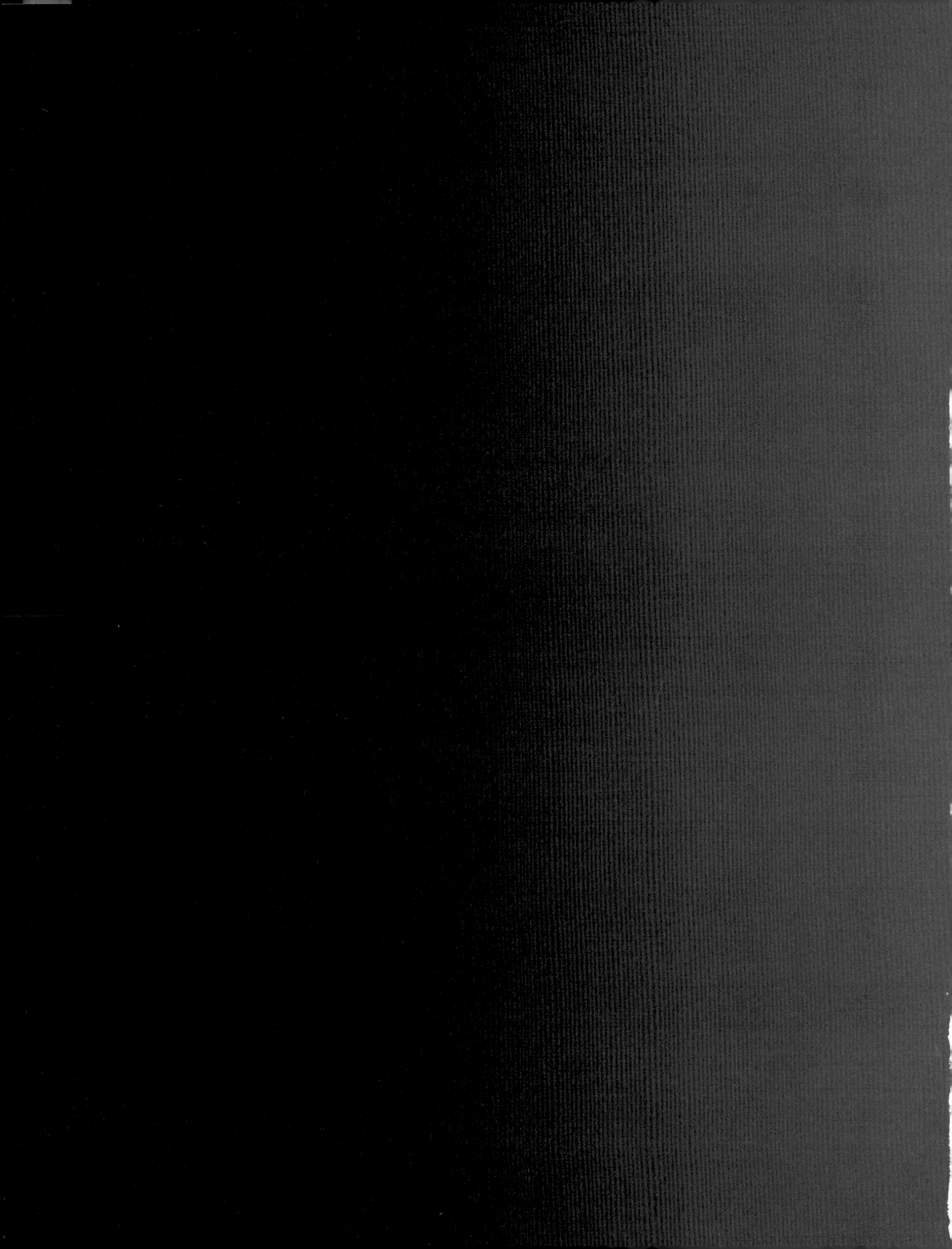

AFFINITÀ *ELETTIVE*

Picasso, Matisse, Klee e Giacometti
Opere dal Museum Berggruen – Neue Nationalgalerie
in dialogo con i capolavori delle Gallerie dell'Accademia

Elective Affinities
Picasso, Matisse, Klee, and Giacometti
Works from Museum Berggruen – Neue Nationalgalerie
in dialogue with masterpieces from the Gallerie dell'Accademia

A cura di / Edited by
Giulio Manieri Elia, Gabriel Montua,
Veronika Rudorfer, Michele Tavola

Marsilio Arte

AFFINITÀ *ELETTIVE*

Picasso, Matisse, Klee e Giacometti
Opere dal Museum Berggruen – Neue Nationalgalerie
in dialogo con i capolavori delle Gallerie dell'Accademia

Elective Affinities
Picasso, Matisse, Klee, and Giacometti
Works from Museum Berggruen – Neue Nationalgalerie
in dialogue with masterpieces from the Gallerie dell'Accademia

Gallerie dell'Accademia di Venezia
Casa dei Tre Oci – Berggruen Institute Europe
24 marzo / March – 23 giugno / June 2024

a cura di / curated by
Giulio Manieri Elia
Gabriel Montua
Veronika Rudorfer
Michele Tavola

MINISTERO DELLA CULTURA

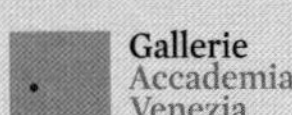

MUSEUM BERGGRUEN

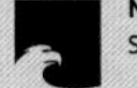

Nationalgalerie
Staatliche Museen zu Berlin

PALAZZO DIEDO
BERGGRUEN ARTS & CULTURE

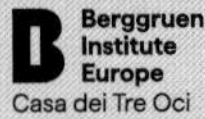

Ministero della Cultura / Ministry of Culture

Ministro / Minister
Gennaro Sangiuliano

Sottosegretari di Stato / Undersecretary
Lucia Borgonzoni
Gianmarco Mazzi

Segretario Generale / Secretary General
Mario Turetta

Uffici di diretta collaborazione del Ministro / Offices Directly Collaborating with the Minister

Capo di Gabinetto / Chef de Cabinet
Francesco Gilioli

Vice capo di gabinetto e Consigliere economico del Ministro / Deputy Chef de Cabinet and Economic Advisor to the Minister
Giorgio Carlo Brugnoni

Capo segreteria del Ministro / Head of the Minister's Secretariat
Narda Frisoni

Segretario Particolare del Ministro / Minister's Private Secretary
Antonio Di Maio

Capo della Segreteria Tecnica del Ministro / Head of the Minister's Technical Secretariat
Emanuele Merlino

Capo Ufficio Legislativo / Head of Legislative Office
Donato Luciano

Capo dell'Ufficio Stampa e Comunicazione / Head of Press and Communication Office
Andrea Petrella

Consigliere diplomatico del Ministro / Diplomatic Advisor to the Minister
Clemente Contestabile

Direzione Generale Musei / General Direction of Museums

Direttore Generale / Director General
Massimo Osanna

Direttore Servizio I / Director Service I
Felice Pier Carlo Iacobellis

Direttore Servizio II / Director Service II
Massimo Osanna, *Direttore generale avocante / Advocate General Director*
Roberto Vannata, *Dirigente delegato / Deputy Manager*

Gallerie dell'Accademia di Venezia

Direzione / Director
Giulio Manieri Elia

Vicedirezione / Deputy Director
Roberta Battaglia

Consiglio di Amministrazione / Board of Directors
Giulio Manieri Elia, *presidente / President*
Giuliana Ericani
Daniele Ferrara
Ferigo Foscari
Davide Rampello

Comitato Scientifico / Scientific Committee
Giulio Manieri Elia, *direttore / Director*
Linda Borean
Riccardo Calimani
Vittorio Sgarbi
Massimiliano Zane

Collegio dei Revisori dei Conti / Board of Auditors
Maria Teresa Mazzitelli, *presidente / President*
Fabio Cadel
Luca Guarna

Segreteria di direzione / Secretariat of Direction
Beatrice Marciani (Ales)

Curatori delle collezioni / Collections Curators
Roberta Battaglia
Michele Nicolaci
Valeria Poletto
Silvia Salvini
Michele Tavola

Ufficio prestiti e catalogo / Loans and Catalog Office
Silvia Salvini

Restauratori / Restorers
Francesca Bartolomeoli
Serena Bidorini
Cristiana Sburlino

Laboratorio scientifico / Scientific Laboratory
Stefano Volpin
Lucia Giorgi (borsista)

Ufficio tecnico / Technical Office
Elena Azzolin
Giorgia Gambato
Ciro Iuliano

Ufficio Comunicazione e marketing / Communication and Marketing Office
Francesca Fraticelli
Danilo Politi

Servizi educativi / Educational Service
Michele Nicolaci

Archivio fotografico e dei restauri / Photographic and Restauration Archive
Diana Ziliotto

Ufficio gare e contratti / Tenders and Contracts
Renato Stefani

Ufficio bilancio / Financial Office
Stefano Goffredo
Valentina Penso
Alessandro Vianello

Ufficio personale / Human Resources Department
Susanna Bortolozzo
Cristina Fior
Francesca Fraticelli

Responsabili del servizio di prevenzione e protezione / Health and Safety
Roberto Geromin
Federica Mattiuzzo

Concessionario di biglietteria, assistenza alla visita e bookshop / Ticket Office, Visits Assistance, and Bookshop
Sant'Orsola scarl

Ufficio stampa / Press Office
Marsilio Arte, Venezia

Museum Berggruen – Neue Nationalgalerie

Direttore / Director Neue Nationalgalerie
Klaus Biesenbach

Dirigente / Head
Gabriel Montua

Curatore / Curator
Veronika Rudorfer

Tirocinante / Intern
Camilla Brunazzo Chiavegato

Restauratori / Restorers
Ella Dudew
Anke Klusmeier
Hana Streicher

Registrar
Manuela Bethke
Susanne Anger
Ramona Föllmer

Amministratore delle collezioni/ Collection Administrator
Maria Luna Mignani

Ufficio stampa / Press Office
Fiona Geuß

Palazzo Diedo Berggruen Arts & Culture

Direttore / Director
Mario Codognato

Curatore/ Curator
Adriana Rispoli

Produttore / Producer
Pietro Lunetta

Berggruen Institute Europe

Direttore / Director
Lorenzo Marsili

Assistente operativa / Operations Assistant
Gaia Remor

Ufficio stampa e PR/ Press and PR
Patrizia Pozzo
Annamaria de Paola

Marsilio Arte

Presidente / President
Emanuela Bassetti

Amministratore Delegato / Chief Executive Officer
Luca De Michelis

Responsabile business development e mostre / Business Development and Exhibitions
Chiara Giudice

Responsabile gestioni e concessioni museali / Museum Management and Concessions
Silvia Carrer

Ufficio Mostre / Exhibition Management
Anna Colussi
Fosca Erlicher
Fabio Muggia
Carlotta Sapori

Responsabile pianificazione e controllo / Planning and Control
Alberta Crestani

Bookshop e servizi in mostra / Bookshop and Exhibition Services
Francesca Gennari

Ufficio stampa / Press Office
Giovanna Ambrosano
con / with Vera Mantengoli

Comunicazione e promozione / Communication and Promotion
Chiara Pessina

Comunicazione digitale e social media / Digital Communication and Social Media
Lara Vianello
con / with
Marta Bettiol
Giulia Manus

Coordinamento organizzativo / Organizational Coordination Casa dei Tre Oci - Berggruen Institute Europe
Giulia Carbone

Editoria / Publishing
Rossella Martignoni
con / with
Anna Colafiglio
Stefano Grandi
Martina Mian
Clara Pagnacco

Ufficio Grafico / Graphics
Carmen Malafronte

Ufficio tecnico / Production Management
Alessandra Crosato
Gianluca Marulli

Organizzazione mostra / Exhibition Organization

Direzione / Direction
Giulio Manieri Elia
Gabriel Montua

Coordinamento scientifico e organizzativo / Scientific and Organizational Coordination
Mario Codognato
Veronika Rudorfer
Michele Tavola
con / with
Camilla Brunazzo Chiavegato
Silvia Carrer

Ufficio mostre / Exhibition Office
Alberta Crestani
Fabio Muggia
Silvia Salvini

Ufficio tecnico / Technical Department
Elena Azzolin
Giorgia Gambato (Ales)
Ciro Iuliano

Restauratori / Restorers
Francesca Bartolomeoli
Serena Bidorini
Ella Dudew
Anke Klusmeier
Cristiana Sburlino
Hana Streicher

Condition Report Casa dei Tre Oci
Paolo Roma
Sires Srl

Ufficio Comunicazione e Marketing / Communication and Marketing
Francesca Fraticelli
Chiara Pessina
Danilo Politi
con / with
Emanuele Bassi
Giulia Minnella
Irene Santoro

Ufficio bilancio / Financial Office
Stefano Goffredo

Ufficio gare e contratti / Tenders and Contracts
Renato Stefani (Ales)

Ufficio personale / Human Resources Department
Susanna Bortolozzo
Cristina Fior
Francesca Fraticelli
Sara Gerace

Segreteria di Direzione / Secretariat of Direction
Beatrice Marciani (Ales)

Progetto di allestimento / Exhibition Design Casa dei Tre Oci
Silvio Fassi Architetti
(Silvio Fassi |
Sebastiano Roveroni)

Allestimento / Set-up
OTT ART srl

Illuminazione / Lighting
OTT ART srl
con / with SIE srl
ERCO
con / with Spazioluce

Grafica in mostra / Exhibition Graphics
Sebastiano Girardi
Matteo Rosso

Produzione grafica in mostra / Exhibition Graphic Production
Gruppofallani

Coordinamento gestione servizi / Services Management Coordination
Francesca Gennari

Trasporti e allestimento opere / Transportation and Installation
Apice Scrl
hasenkamp Internationale Transporte GmbH

Assicurazioni / Insurance
Kuhn und Bülow
AGE Broker

Ufficio Stampa / Press Office
CasadoroFungher Comunicazione
Flint Culture

Catalogo / Catalog
Marsilio Arte

Ringraziamenti / Acknowledgments

Un particolare ringraziamento per la collaborazione va alla famiglia Berggruen - Nicolas, Olivier, Helen e John / Special thanks for their collaboration go to the Berggruen family - Nicolas, Olivier, Helen, and John

Si ringraziano per la collaborazione / Thanks for their cooperation
Daniela Ciciliato,
Anna Criscuolo,
Filippo Mordenti,
Gaja Pastrello,
Alessandro Polin,
Marianna Sama

Si esprime un cordiale e sentito ringraziamento agli addetti al servizio di vigilanza e a tutto il personale delle Gallerie dell'Accademia / Warm and heartfelt thanks to the security guards and to all the staff of the Gallerie dell'Accademia.

La proposta di esporre alle Gallerie dell'Accademia una raffinata selezione di opere conservate presso il Museum Berggruen di Berlino, temporaneamente chiuso per lavori di ristrutturazione, si è rivelata immediatamente una straordinaria occasione da non perdere, prontamente condivisa con il Comitato scientifico e il Consiglio di Amministrazione del museo. Desidero pertanto innanzitutto ringraziare Klaus Biesenbach, Direttore della Neue Nationalgalerie, per questa partnership, Nicolas Berggruen, che fin da subito si è reso disponibile a sostenere e a rendere realizzabile il progetto, e naturalmente i curatori che hanno condiviso con me questa stimolante opportunità: Gabriel Mantua, Veronika Rudorfer e Michele Tavola.

Grazie alla virtuosa collaborazione tra istituzioni italiane e tedesche – un'*affinità elettiva* senza alcun dubbio – il pubblico potrà godere di inattesi dialoghi tra Giacometti e Canova, Matisse e Giorgione, Klee e Bosch, e soprattutto tra Picasso e svariati maestri antichi, tra i quali Tiepolo, Rosalba Carriera e ancora Giorgione. L'accostamento di autori così diversi tra loro darà vita a nuovi percorsi di senso, sarà lo spunto per interessanti riflessioni e farà scaturire forti emozioni.

Con i curatori abbiamo non solo avvicinato opere, lontane cronologicamente, per rimandi formali o tematici, ma abbiamo provato ad analizzare in che modo i generi pittorici siano stati messi alla prova, trasformati e reinventati dagli artisti nel corso dei secoli. Ed eccoci di fronte al tentativo di mostrare come il ritratto, la natura morta, lo studio del nudo e il bozzetto abbiano avuto declinazioni differenti e talvolta antitetiche da parte di pittori e scultori nelle diverse epoche.

L'esperienza non termina alle Gallerie, ma prosegue alla Casa dei Tre Oci, alla Giudecca, dove si possono ammirare ventisei disegni di grandi maestri del XX secolo, provenienti dalla collezione del Museum Berggruen, posti a confronto con una piccola ma preziosa selezione, curata da Valeria Poletto, di fogli del nostro Gabinetto dei Disegni e delle Stampe.

Questa mostra afferma e rilancia alcuni dei principi sui quali si basa il nostro lavoro degli ultimi anni: crediamo fermamente, infatti, che il museo debba essere un luogo vivo e propositivo, disponibile e aperto ai diversi pubblici e al dialogo con forme espressive e linguaggi apparentemente distanti da quelli rappresentati nelle nostre collezioni, e che debba continuare a costruire collaborazioni con altri enti e soggetti che rappresentano l'eccellenza nel panorama artistico internazionale.

Giulio Manieri Elia
Direttore
Gallerie dell'Accademia di Venezia

The proposal for the Gallerie dell'Accademia to display a curated selection of works from Museum Berggruen in Berlin, which was temporarily closed for renovation, quickly emerged as a classic and unmissable opportunity. This idea was promptly communicated to the museum's scientific committee and board of directors. I therefore wish above all to thank Klaus Biesenbach, director of the Neue Nationalgalerie, for this partnership, Nicolas Berggruen, who made himself available to support the project and see it through, and of course the curators who shared this stimulating opportunity with me: Gabriel Mantua, Veronika Rudorfer, and Michele Tavola.

Thanks to this excellent collaboration between Italian and German institutions, this in itself an *Elective Affinity*, the public will be able to enjoy unexpected dialogues between Giacometti and Canova, Matisse and Giorgione, Klee and Bosch, and above all between Picasso and various old masters, among whom we might mention: Tiepolo, Rosalba Carriera, and, once again, Giorgione. The juxtaposition of such different artists gives rise to new itineraries around the galleries, spark interesting reflections, and unleash powerful emotions.

Along with the curators, we not only brought together works remote from one another in time, for formal or thematic cross-references, but tried to check how genres of painting have been put to the test, transformed, and reinvented by artists through the centuries. And here, we are faced with the attempt to show the different ways in which painters and sculptors throughout history have approached the portrait, the still life, the nude study, and the sketch.

The experiment does not end at the Gallerie but continues at the Casa dei Tre Oci on the Giudecca, where twenty-six drawings by great masters of the twentieth century from Museum Berggruen are shown side by side with a small but precious selection of works from our Cabinet of Drawings and Prints, curated by Valeria Poletto.

This exhibition affirms and relaunches some of the principles on which our work has been based over the past few years: we firmly believe that the museum should be a lively and proactive place, one that is open and accessible to different audiences, and engages in dialogue with expressive forms and languages apparently remote from those found in our collections. We are committed to building collaborations with other organisations and themes that represent excellence in the international artistic landscape.

Giulio Manieri Elia
Director
Gallerie dell'Accademia di Venezia

Quella del Museum Berggruen, oggi parte della Neue Nationalgalerie, è una collezione davvero unica, costituita da un insieme eccezionale di capolavori modernisti di Picasso, Klee, Cézanne, Matisse e Giacometti. Ad accomunare questi artisti e il creatore stesso della collezione – Heinz Berggruen, uno dei più importanti mercanti d'arte del Novecento europeo – sono due elementi: il viaggio e il dialogo. Gli artisti presenti nel museo vissero e lavorarono in tutta Europa, lasciandosi ispirare da un'ampia rete di contatti internazionali e affrontando, ognuno a suo modo, l'avvento del Nazismo. Berggruen, costretto a lasciare la Germania nel 1936 per trovare rifugio negli Stati Uniti, aprì una sua galleria nella Parigi del secondo dopoguerra e trascorse buona parte della vita dividendosi tra vendite e visite ad artisti e collezionisti. Il desiderio di rendere accessibile al pubblico la sua raccolta personale lo portò infine a intensificare i legami con Berlino, sua città d'origine, prima con un prestito a lungo termine della sua collezione nel 1996 e poi, nel 2000, con l'acquisizione delle opere da parte dello Stato tedesco e della città di Berlino per la Nationalgalerie.

Durante la ristrutturazione del Museum Berggruen, le opere d'arte ospitate al suo interno sono partite per un tour internazionale in Giappone e Cina (2022-2023). Quarantadue di questi capolavori sono ora esposti a Venezia, storico punto di scambio tra Oriente e Occidente, per la mostra *Affinità elettive. Picasso, Matisse, Klee e Giacometti. Opere dal Museum Berggruen – Neue Nationalgalerie in dialogo con i capolavori delle Gallerie dell'Accademia*. Obiettivo del progetto è instaurare una conversazione tra l'arte veneziana delle Gallerie e quella novecentesca del Berggruen, mettendo a confronto due collezioni di pari unicità in altrettante sedi espositive: le stesse Gallerie dell'Accademia e la Casa dei Tre Oci.

Molte sono le persone che hanno contribuito a realizzare quest'idea ambiziosa. La mia più profonda gratitudine va innanzitutto a Giulio Manieri Elia, direttore delle Gallerie dell'Accademia. Vorrei poi ringraziare Mario Codognato, direttore artistico di Berggruen Arts & Culture, ed estendere gli stessi ringraziamenti a Michele Tavola, curatore delle Gallerie, a Valeria Poletto, Silvia Salvini e Beatrice Marciani, sempre delle Gallerie, a Silvio Fassi e Adriana Rispoli, di Casa dei Tre Oci, come pure ad Alberta Crestani, Martina Mian, Silvia Carrer e Chiara Pessina, di Marsilio Arte. Un sentito grazie anche alla famiglia Berggruen, in particolare a Nicolas Berggruen, che ha generosamente sostenuto il progetto, insieme a Olivier, Helen e John. Sono inoltre grato allo staff curatoriale del Museum Berggruen, formato da Gabriel Montua, Veronika Rudorfer e Camilla Brunazzo Chiavegato, nonché a Manuela Bethke e Anke Klusmeier, Hana Streicher ed Ella Dudew, senza cui non sarebbe stato possibile questo tour internazionale.

Un ringraziamento speciale va a Joachim Jäger, responsabile delle collezioni del Museum Berggruen/Neue Nationalgalerie, e a Lisa Botti, che ha co-curato la performance di Miles Greenberg in occasione della tappa veneziana della collezione Berggruen, così da diversificare la presentazione di quest'ultima e creare un punto di contatto contemporaneo nell'ambito della 60. Biennale Arte di Venezia.

Per finire, tutta la mia gratitudine a Miles Greenberg e alla sua squadra per aver intrapreso con noi questo dialogo contemporaneo tra collezioni delle Gallerie dell'Accademia e del Museum Berggruen. Un confronto tra arte antica e moderna che noi della Neue Nationalgalerie siamo felici di condividere, ritenendolo al tempo stesso come un privilegio e una responsabilità.

Klaus Biesenbach
Direttore
Neue Nationalgalerie

The exceptional selection of modernist masterpieces by Picasso, Klee, Cézanne, Matisse, and Giacometti makes Museum Berggruen's collection, which is part of Neue Nationalgalerie, truly unique. Travel and dialogue lie at the heart of both its artists and its collector, Heinz Berggruen—one of the most important art dealers of twentieth-century Europe. The artists featured in the collection lived and worked all over Europe, drawing inspiration from their international networks while contending with the persecution of the Nazi regime. Similarly, Heinz Berggruen was forced to flee Germany for the United States in 1936. While running his gallery in postwar Paris, he spent most of his life visiting artists and collectors, and attending sales. His desire to make his collection available to the public intensified his ties to his native city Berlin where his collection was placed on long-term loan in 1996 before being acquired by the German state and the city of Berlin in 2000 for the Nationalgalerie.

During the renovation of Museum Berggruen, its artworks embarked on an international exhibition tour in Japan and China in 2022–23. Now, forty-two of these masterpieces are on display in Venice—a historical crossroads between East and West—in the exhibition project *Elective Affinities. Picasso, Matisse, Klee and Giacometti. Works from Museum Berggruen – Neue Nationalgalerie in dialogue with masterpieces from the Gallerie dell'Accademia*. This exhibition sparks a conversation between the outstanding collection of Venetian art of the Gallerie dell'Accademia and Museum Berggruen's twentieth-century art collection at two venues: Gallerie dell'Accademia and Casa dei Tre Oci.

This ambitious project was made possible thanks to several individuals. My deep gratitude first goes to Giulio Manieri Elia, Director of Gallerie dell'Accademia. I also would like to thank Mario Codognato, Artistic Director of Berggruen Arts & Culture. My thanks extend to Michele Tavola, curator at the Gallerie, as well as to Valeria Poletto, Silvia Salvini, and Beatrice Marciani at the Gallerie; to Silvio Fassi and Adriana Rispoli at the Casa dei Tre Oci; to Alberta Crestani, Martina Mian, Silvia Carrer, and Chiara Pessina at Marsilio. My heartfelt gratitude goes to the Berggruen family, especially to Nicolas Berggruen, who generously supported the project, as well as to Olivier, Helen, and John. I am thankful to our curatorial staff at Museum Berggruen, Gabriel Montua, Veronika Rudorfer, and Camilla Brunazzo Chiavegato, as well as to Manuela Bethke and our conservators Anke Klusmeier, Hana Streicher, and Ella Dudew, without whom this international exhibition tour would not have been possible.

Special thanks also go to Joachim Jäger, Head of Collections of Museum Berggruen/Neue Nationalgalerie, and Lisa Botti, who co-curated the Miles Greenberg performance on the occasion of Museum Berggruen's visit to Venice, to diversify the collection's presentation and bring a contemporary point of contact to the 60th Venice Biennale.

I am deeply grateful to Miles Greenberg and his team for joining us in bringing the collections of Gallerie dell'Accademia and Museum Berggruen in a contemporary dialogue. This endeavor is both a privilege and a responsibility for Neue Nationalgalerie, as it fosters connections between the historical and modern realms of art.

Klaus Biesenbach
Director
Neue Nationalgalerie

È difficile sfuggire al fascino di Venezia e i miei genitori non facevano eccezione. Ogni settembre, durante la nostra adolescenza, io e mio fratello Nicolas alloggiavamo in un lussuoso hotel alla Giudecca e trascorrevamo piacevoli giornate passeggiando tra le calli, gustando un gelato e visitando a volte le antiche chiese e la Scuola degli Schiavoni. Era il periodo dell'anno in cui si tenevano la Regata Storica e la Mostra del Cinema; eravamo affascinati dalle star del grande schermo che passavano su taxi d'acqua privati, come pure dall'eleganza di modi e vestiario di quella folla internazionale e sofisticata. Durante le nostre passeggiate lungo le fondamenta della Giudecca verso il Redentore passavamo davanti a un palazzo riccamente ornato in stile *fin de siècle* e nostro padre accennava alla possibilità di far visita al pittore austriaco Friedensreich Hundertwasser, che lì aveva il suo studio. Per un felice scherzo del destino, proprio quel palazzo – Tre Oci, come ho scoperto in seguito – è passato nelle mani della mia famiglia e ora ospita la sede europea del Berggruen Institute.

Per i miei genitori la città costituiva una "scenografia" unica, capace di suscitare un'euforia come quella del professore tedesco che, in *Morte a Venezia* di Thomas Mann, scopre la sensualità mediterranea proprio in laguna: un mondo diverso, meno rigido, più organico e armonioso, a dispetto dell'apparente artificiosità di un luogo costruito su acque poco profonde. L'amore dei miei genitori per Venezia era di tipo olistico; era l'amore per le pietre fatte sbocciare a contatto con aria e acqua, una sorta di tensione tra vari elementi espressa sotto forma di spazio architettonico, culminante in una consapevolezza che non è cumulativa o composta di unità discrete, bensì intera e per questo ancora più soddisfacente.

Venezia rappresentava un rifugio molto ricercato, benché artistico, lontano dal frenetico ritmo quotidiano degli impegni di Parigi, dove avevano sede la galleria e l'attività editoriale di mio padre. Altrove in questo catalogo si ripercorre la sua lunga carriera, itinerante ma sempre fruttuosa, come giornalista, scrittore, editore, mercante e collezionista d'arte. Mi limiterò quindi a fare alcune osservazioni personali.

Mio padre è sempre stato attratto dall'elemento immaginifico racchiuso nell'arte: la capacità di offrire a un giovane malinconico cresciuto in una famiglia berlinese di ceto medio una finestra su un'altra vita; di trasportarlo, come prosa e poesia, in terre lontane più vive e vibranti; di aiutarlo a concepire e sviluppare mondi radicati e al tempo stesso distaccati dalla realtà quotidiana. Il suo amore per la letteratura era senza dubbio legato alla capacità di trascinare il lettore in situazioni radicalmente diverse o estranee. Questi sono alcuni capitoli della sua biografia: giornalista di talento che osserva la morente Repubblica di Weimar all'alba del nazismo; timido rifugiato che incontra Diego Rivera e Frida Kahlo a San Francisco; testimone, a Monaco, degli orrori della guerra di annientamento; amico di Éluard, Prévert, Tzara, Miró, Picasso e Matisse nella Parigi del dopoguerra; rinomato collezionista che torna nella sua città natale dopo un'assenza di oltre mezzo secolo. Si tratta del viaggio di un uomo a cui l'arte ha dato un senso, non in opposizione alla vita, ma in complicità con essa, nella misura in cui ha trasfigurato ogni aspetto dell'esistenza.

Come collezionista, Heinz Berggruen si è avventurato raramente oltre quella manciata di artisti per cui sentiva un'affinità viscerale, che si trattasse di Paul Cézanne, Pablo Picasso, Henri Matisse, Paul Klee o Alberto Giacometti. La sua collezione è stata perfezionata grazie alla profonda conoscenza dell'arte moderna e al desiderio di esplorare l'universo degli artisti che amava fortemente. All'inizio mio padre fu influenzato dal gusto di mercanti e critici come D.H. Kahnweiler e Douglas Cooper, nonché di membri del circolo surrealista come Marie-Laure de Noailles e Paul Éluard. A partire dagli anni cinquanta fece diverse acquisizioni di fondamentale importanza, tra cui alcune opere meditative di Paul Cézanne, dipinti di Miró e Bonnard, un Marc Chagall del periodo di Vitebsk, una piccola e poetica tela di Ernst, bronzi di Alberto Giacometti e oggetti d'arte provenienti da Africa e Oceania. Senza dimenticare naturalmente Klee e Picasso, due artisti che seguiva in modo incessante ed esponeva spesso nella sua galleria.

It is difficult to escape the lure of Venice and my parents were no exception. Every September during our teenage years, my brother Nicolas and I stayed at a glamorous hotel on the Giudecca, and we spent leisurely days rambling through the narrow streets, indulging in ice cream and occasionally visiting historic churches as well as the Scuola degli Schiavoni. It was the time of the year that coincided with the Regata Storica and the Mostra del Cinema; we were in awe of the movie stars we spotted on private water taxis and the elegance of manners and dress among an international and sophisticated crowd. On our walks along the embankment of the Giudecca towards the Redentore, we would pass an ornate palazzo built in a *fin-de siècle* manner, and our father would mention visiting the Austrian painter Friedensreich Hundertwasser who had his studio there. By a felicitous turn of events, Tre Oci (as I later found out the palazzo was called) has now passed into the hands of my family to become the headquarters of the Berggruen Institute in Europe.

To my parents, Venice was a unique "backdrop," eliciting feelings of an exhilaration not unlike those of the German professor discovering Mediterranean sensuality in Thomas Mann's novel *Death in Venice*: a different, less rigid, more organic and harmonious world, in spite of the seemingly utter artificiality of a city built on shallow water. My parents' love of Venice was of a holistic kind—the love of stones made to blossom in contact with air and water, a kind of feeling of tension between various elements expressed as architectural space, culminating in awareness that is not cumulative or built up out of discrete units, but whole and satisfyingly so.

Venice provided a much sought-after sanctuary, albeit an artistic one, away from the daily frenetic pace of my father's activities in Paris (where his gallery and publishing business were based). His long, itinerant yet fruitful career as a journalist, writer, publisher, art dealer, and collector is retraced in this catalog. Here, I will just make a few personal remarks.

My father has always been drawn to the element of imagination that art carries within it: the ability to give a melancholy adolescent growing up in a middle-class family in Berlin a window into another life, to transport him to lands far from his own—more alive and vibrant—like poetry and fiction, the ability to imagine and develop worlds that are both rooted and detached from everyday reality. His love of literature was no doubt linked to its general ability to draw the reader into situations that are radically different or alien to him. These are some of the chapters in his life: a talented journalist contemplating the dying Weimar Republic at the dawn of Nazism; a shy refugee who meets Diego Rivera and Frida Kahlo in San Francisco; a witness in Munich to the horrors of war-induced annihilation; a friend of Éluard, Prévert, Tzara, Miró, Picasso, and Matisse in post-war Paris; a renowned collector who returns to his hometown after an absence of more than half a century. Such is the journey of a man to whom art gave meaning, not in opposition to life, but in complicity with it, to the extent that it transfigured every aspect of existence.

As an art collector Heinz Berggruen rarely ventured beyond a handful of artists with whom he felt an instinctive affinity, whether Paul Cézanne, Pablo Picasso, Henri Matisse, Paul Klee, or Alberto Giacometti. His collection was refined by his deep knowledge of modern art and by a desire to explore the universe of the artists he loved profoundly. At first, my father was influenced by the taste of dealers and critics such as D. H. Kahnweiler and Douglas Cooper, as well as members of the surrealist circle such as Marie-Laure de Noailles and Paul Éluard.

From the 1950s, he made some key acquisitions, among them a few meditative works by Paul Cézanne as well as paintings by Miró and Bonnard, a Marc Chagall from the Vitebsk period, a small poetic-looking canvas by Ernst, bronzes by Alberto Giacometti and some African and Oceanian art objects. And of course, works by Klee and Picasso, two artists whose works he pursued relentlessly and often showed at his gallery.

L'appartamento dei miei genitori a Parigi, non lontano da Saint-Germain e Saint-Sulpice, tradiva l'influenza di Picasso. Lontano da qualsiasi eccesso e improntato a una studiata nonchalance, ricordava gli interni un po' bohémien tanto apprezzati dal maestro spagnolo: poltrone Luigi XIII o XV, maschere africane, sculture dell'Oceania, tappeti portoghesi e persiani e una sala da pranzo con mobili di Diego Giacometti. In soggiorno erano appese grandi tele di Léger e Picasso, mentre nella già citata sala da pranzo trovavano posto opere più intime di Paul Klee. In seguito i viaggi dei miei genitori negli Stati Uniti si fecero più frequenti e nel 1984 mio padre donò novanta lavori, tutti di Klee, al Metropolitan Museum di New York. Nel 1988 la sua collezione fu esposta al Musée d'art et d'histoire di Ginevra, per poi essere trasferita, in prestito, alla National Gallery. L'esperimento londinese, guidato da Neil MacGregor e John Leighton, fu anche un affascinante esercizio di ricontestualizzazione, volto a mostrare l'eredità in parte modernista della collezione sotto una nuova luce. La sensazione di continuità tra l'arte del XIX secolo e le opere di Picasso, Matisse e addirittura Giacometti diede alle sale della National Gallery una peculiarità accurata e vivace.

Nel 1996 tutti gli sforzi di mio padre trovarono compimento nella creazione, a Berlino, di un museo con il suo nome. Per riempire quello che sarebbe diventato uno spazio permanente, la collezione fu nuovamente riconfigurata. La lunga ricerca di mio padre come collezionista d'arte richiese anche una certa disciplina, soprattutto quando fu necessario resistere alla tentazione di vendere opere – alcune con un prezzo salito alle stelle – acquisite solo grazie a determinazione, sacrificio e, in certi casi, fortuna. Ritenendo che il nucleo della collezione dovesse appartenere al XX secolo, mio padre si liberò di alcuni dipinti e disegni di Van Gogh, Cézanne e Seurat. La continuità storica tra gli albori del modernismo e l'arte del XX secolo fu comunque preservata attraverso l'inclusione di opere chiave dello stesso Cézanne. Le autorità museali tedesche trovarono sistemazione per la collezione in un elegante edificio di fronte al palazzo di Charlottenburg. Questo, costruito da Friedrich August Stüler negli anni cinquanta del XIX secolo per ospitare la Guardia prussiana, fu trasformato poi, per un certo periodo, in museo greco-romano. Quando, sulla scia della caduta del Muro, le collezioni prussiane furono riunite, l'opportunità sembrò ideale, soprattutto perché il carattere personale della raccolta Berggruen è stato preservato nella nuova (ora permanente) collocazione. Il museo conserva l'identità della collezione privata; le opere d'arte vivono in uno stato di rinnovata simbiosi.

Verso la fine della sua vita, mio padre mi parlava spesso del suo lungo viaggio, quello di un esule perenne, a cavallo tra diversi mondi, che suo malgrado aveva coltivato una certa aria cosmopolita, ben lontana dagli ambienti angusti in cui era cresciuto. La sua carriera, da Berlino a Grenoble e Tolosa, da San Francisco a Monaco e Parigi (con frequenti incursioni in Costa Azzurra), dalla New York degli anni ottanta a Ginevra e infine Berlino, testimonia uno sradicamento permanente. Questo nomadismo non era però una condizione sfortunata. Tutt'altro. Mio padre rivendicava il soprannome di Heinz-im-Glück ("Enrico il fortunato") ed era entusiasticamente abituato a cambiare indirizzo e paese, nonostante la sua carriera si sia svolta per lo più in Francia. Se è vero che la solitudine dell'infanzia ha lasciato il posto a successo e notorietà, una parte di lui ha continuato a rifuggire la mondanità e il trambusto della vita quotidiana. L'arte è rimasta il mezzo privilegiato per intravedere altri mondi, realtà parallele come quelle offerte dall'opera di Paul Klee. Non è una coincidenza che la sua autobiografia sia intitolata proprio come un dipinto di Klee, *Hauptweg und Nebenwege*, (*Strada principale e strade secondarie*) perché è stata la poesia visiva ereditata dal tardo romanticismo tedesco – tra il bizzarro, il meraviglioso e l'incongruo – a fornire a mio padre un contrappunto alla realtà, spesso dura, del quotidiano.

Olivier Berggruen

My parents' apartment in Paris—not far from Saint-Germain and Saint-Sulpice—betrayed the influence of Picasso; far from any excess, it articulated a studied nonchalance, close to the somewhat bohemian interiors so prized by the Spanish master: Louis XIII or Louis XV armchairs, a few African masks and oceanic sculptures, Portuguese and Persian rugs, and a dining room with furniture by Diego Giacometti. While the living room was hung with large canvases by Léger and Picasso, the dining room showcased more intimate works by Paul Klee. In later years, my parents traveled more frequently to the United States, and in 1984, my father donated ninety works by Paul Klee to the Metropolitan Museum in New York. In 1988, an exhibition of his collection was organized at the Musée d'Art et d'Histoire in Geneva, followed by the loan of the collection to the National Gallery in London. The London experiment, led by Neil MacGregor and John Leighton, was a fascinating exercise in recontextualization, which showed the partly modernist heritage of the collection in a new light. The feeling of continuity between the art of the nineteenth century and the works of Picasso, Matisse, or even Giacometti, gave the rooms of the National Gallery a lively and accomplished impulse.

In 1996, all my father's efforts culminated in the creation of the museum that bears his name in Berlin. In order to fill what would become a permanent space, the collection was once again reconfigured. My father's long quest as an art collector required a certain discipline, especially when it was necessary to resist the temptation to sell works—even those whose prices had soared—acquired through determination, sacrifice, and sometimes a stroke of luck. Believing that the collection's core belonged to the twentieth century, my father divested himself of a few paintings and drawings by Van Gogh, Cézanne, and Seurat. Nonetheless the historical continuity between the dawn of modernism and twentieth-century art was preserved by the inclusion of a few key works by Cézanne. The German museum authorities established the collection in an elegant pavilion opposite Charlottenburg Palace. Built in the 1850s by Friedrich August Stüler to house the Prussian Guard, the building served for a while as a Greco-Roman museum. When the Prussian collections were brought together in the wake of the fall of the Berlin Wall, the opportunity seemed ideal, especially since the personal character of the collection was preserved in this new (and now permanent) setting. The museum retains the character of a private collection; the works of art live in a state of renewed symbiosis.

At the end of his life, my father often spoke to me about his long journey, that of a permanent exile, straddling several worlds, who despite himself, cultivated a certain cosmopolitanism air far removed from the cramped environment of his childhood. His career, from Berlin to Grenoble and Toulouse, from San Francisco, to Munich and Paris (with frequent incursions on the Côte d'Azur), from New York in the 1980s to Geneva and finally Berlin, testifies to this permanent uprooting. But this nomadic condition was not unfortunate, on the contrary. He claimed the nickname of Heinz-im-Glück ("Henry-the-lucky"), and was enthusiastically accustomed to changes of address and country, even if most of his career took place in France. If the loneliness of his childhood gave way to success and notoriety, a certain part of him fled the worldliness and the hustle and bustle of the everyday world. Art remained the privileged means of glimpsing other worlds—parallel lives like those offered by the work of Paul Klee. It is no coincidence that his autobiography bears the title of a painting by Klee, *Hauptweg und Nebenwege* ("Highway and Byways"), for it is the visual poetry inherited from late German Romanticism—halfway between the strange, the wonderful, and the incongruous—which provided my father with a counterpoint to the often harsh reality of everyday life.

Olivier Berggruen

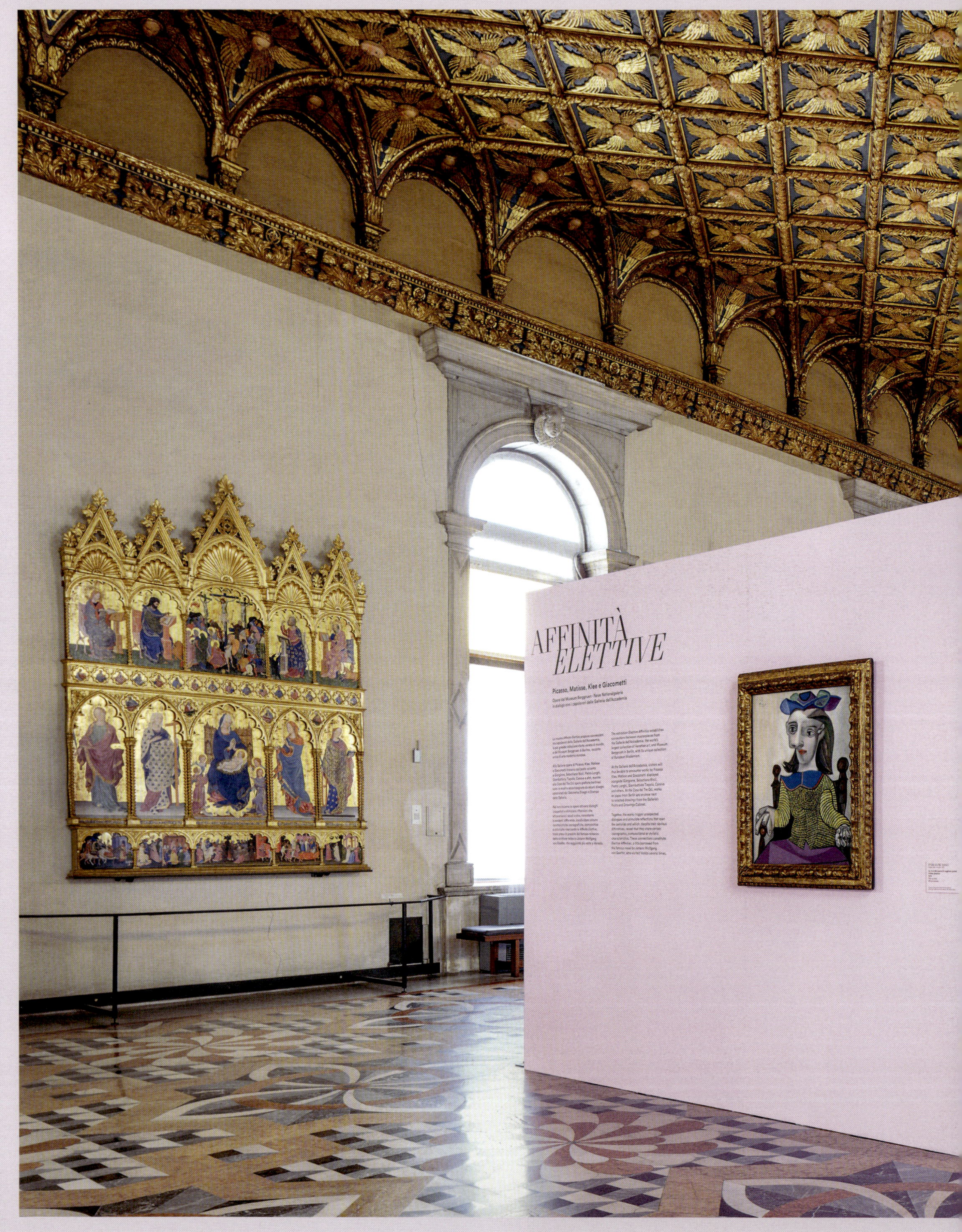
AFFINITÀ
ELETTIVE
Picasso, Matisse, Klee e Giacometti

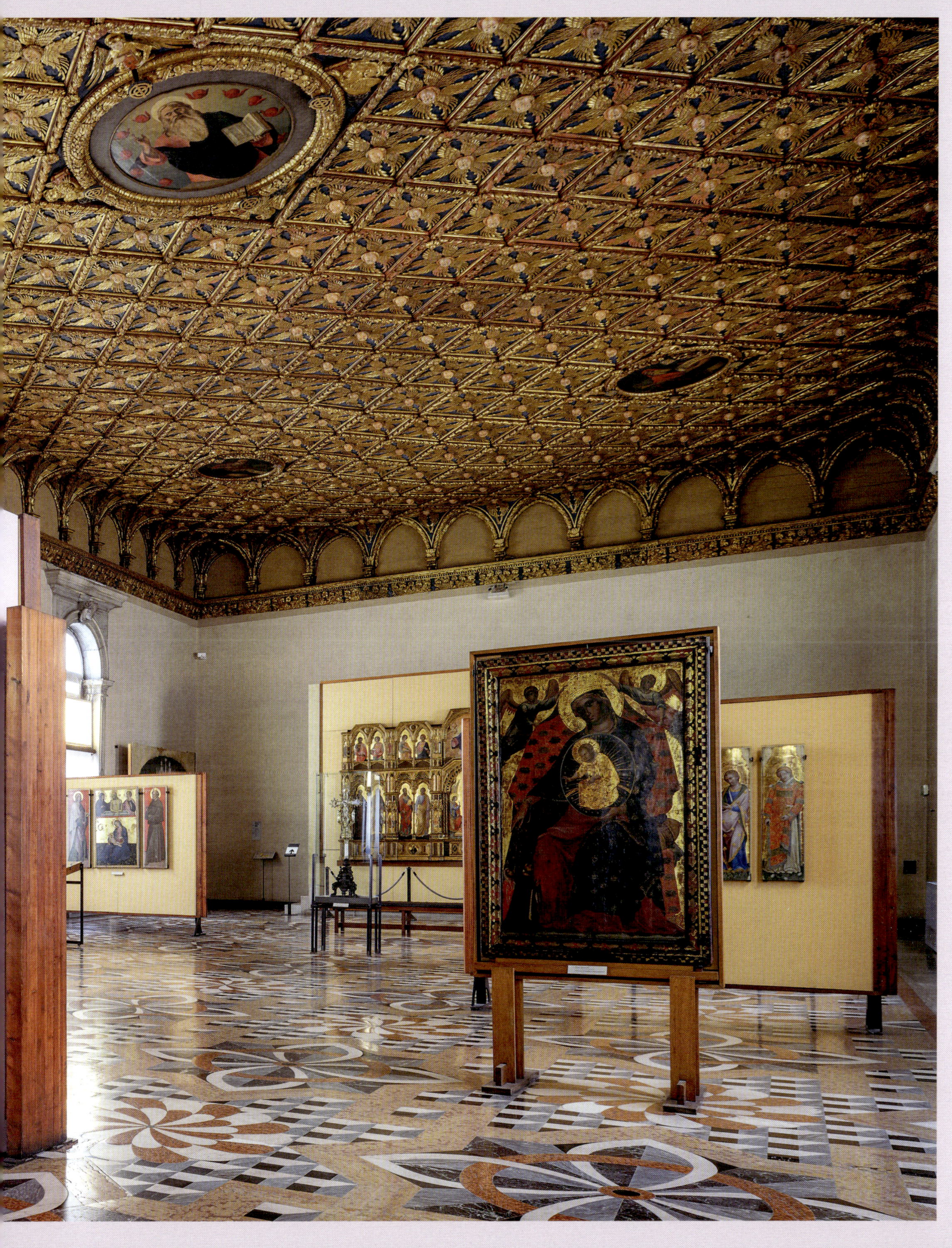

The exhibition *Elective Affinities* brings together two groups of masterpieces from Museum Berggruen in Berlin and the Gallerie dell'Accademia in Venice. From the former's collection, selected works by modern masters such as Pablo Picasso, Paul Klee, Henri Matisse and Alberto Giacometti will be on display in Venice for the first time. The choice to organise the exhibition in two Venetian venues—the Gallerie dell'Accademia and the Casa dei Tre Oci—underlines the concept of dialogue. In the following conversation, the four curators—Giulio Manieri Elia and Michele Tavola for the Gallerie dell'Accademia, Gabriel Montua and Veronika Rudorfer for Museum Berggruen—explain the conceptual starting points, the evolution and the trans-historical approach of the project.

AFFINITÀ ELETTIVE. UNA CONVERSAZIONE

ELECTIVE AFFINITIES: A CONVERSATION

La mostra *Affinità elettive* pone in dialogo due gruppi di capolavori del Museum Berggruen di Berlino e delle Gallerie dell'Accademia di Venezia. Dalla collezione del primo vengono presentate, per la prima volta in laguna, opere selezionate di maestri moderni come Pablo Picasso, Paul Klee, Henri Matisse e Alberto Giacometti. Per sottolineare il concetto di dialogo, si è scelto di organizzare l'esposizione in due sedi veneziane: le Gallerie dell'Accademia e la Casa dei Tre Oci. Nella conversazione che segue, i quattro curatori – Giulio Manieri Elia e Michele Tavola per le Gallerie dell'Accademia, Gabriel Montua e Veronika Rudorfer per il Museum Berggruen – spiegano i punti di partenza concettuali, l'evoluzione e l'approccio trans-storico del progetto.

alle pagine precedenti SALA I
previous pages ROOM I

GIULIO MANIERI ELIA Il dialogo tra antico e contemporaneo, o moderno, fa parte del DNA di questo museo e della sua storia. Ricordiamo, infatti, che in occasione dell'inaugurazione pubblica delle collezioni delle Gallerie dell'Accademia nel 1817, al centro della principale sala espositiva tra opere del Rinascimento, fu collocata la *Polimnia* di Antonio Canova, il più grande artista dell'epoca.

Nel caso di questa mostra, parliamo evidentemente di arte moderna, ma la logica del confronto tra opere della collezione e opere di arte moderna o contemporanea ci appartiene e quindi è per noi estremamente significativo ripercorrere o riprendere il filo di questa tradizione. Per quanto riguarda la selezione delle opere in mostra, frutto di innumerevoli spunti di riflessione e confronti, ogni curatore ha inserito un proprio tassello. I motivi alla base della selezione proposta sono molti e non si concretizzano, a mio parere, solo nei dialoghi determinati dalle nostre scelte, poiché sono certo che altre connessioni legano tra loro queste opere. È un'esperienza che si ripete in ogni museo. Ogni volta che un'opera viene inserita nel percorso museale si instaurano nuove relazioni, spesso inaspettate. Le opere d'arte dialogano tra loro e con ognuno di noi si confrontano in modo totalmente autonomo e individuale. Quindi, rivolgendomi ai curatori e confrontandomi con loro, posso affermare che ognuno ha offerto il proprio contributo, basando le scelte su suggerimenti, conoscenze, sensibilità, che sono individuali e varie, e proponendo dialoghi che spaziano dal tema iconografico, alla costruzione e composizione dell'immagine, all'emozione che trasmette.

GABRIEL MONTUA Tutti gli artisti della nostra collezione hanno tratto ispirazione dal passato, riferindosi ai maestri di epoche precedenti.

GIULIO MANIERI ELIA The dialogue between the old and the contemporary, or in this case, the modern, is ingrained in this museum's DNA. Let us remember that, during the public inauguration of the Gallerie in 1817, *Polyhymnia* by Canova, one of the greatest contemporary artists of the time, stood prominently in the main exhibition space. While in this exhibition our focus is on modern art, the concept of pairing works from our collection with modern or contemporary pieces has deep historical roots. Therefore, we consider it crucial to continue this tradition.

Turning to the selection we made of the works, it was the result of extensive discussion and reflection. Each curator contributed a piece to the puzzle, with multiple reasons informing each selection. However, our engagement with the artworks does not end with the dialogues we initiated. Indeed, we believe that there are additional connections between these old and modern works yet to be discovered. This endeavor is an ongoing experiment within the museum. With each new addition to the exhibition, unexpected dialogues emerge, as artworks interact and compare themselves autonomously. Thus, as we initiate a similar dialogue among the curators, it is important to acknowledge that each of us has made unique contributions based on our suggestions, knowledge, and sensibilities. These contributions have led to a variety of dialogues, spanning from subject matter to iconographic themes, to the construction and composition of the image, and even to the mood it conveys.

GABRIEL MONTUA The artists in our collection have all drawn inspiration from the past, often referencing past masters. Therefore, it makes a lot of sense to bring them together with the Old Masters. This is especially true for Picasso. We recently curated an exhibition centered around Picasso and his "variations"

Appare quindi sensato accostarli a questi antichi maestri. Ciò vale in modo particolare per Picasso, al quale abbiamo dedicato un'intera mostra, incentrata sulle sue "variazioni" de *Les Femmes d'Alger*, tema originariamente dipinto da Eugène Delacroix nel XIX secolo. Anche al Bode-Museum di Berlino si sta svolgendo una mostra che mette in relazione Picasso con i maestri spagnoli del passato. Quindi, ricollegandomi alle sue parole, si tratta di un dialogo insito anche nei geni, nel DNA, dei nostri artisti e del nostro museo.

Credo che la ricezione della singola opera sia molto influenzata dal modo in cui la si presenta. Creare un dialogo con un'altra opera di epoca differente può evidenziare molteplici aspetti. Gli storici dell'arte, ad esempio, tendono a considerare l'evoluzione della storia dell'arte, basandosi sulla periodizzazione. Tentano di comprenderne lo sviluppo – e il progresso, come generalmente ritenuto fino alla metà del secolo scorso –, ma in ogni caso si soffermano sul confronto e sulle novità, sulle innovazioni specifiche di una certa epoca, di un determinato periodo, di un particolare stile pittorico.

Quando si accostano opere di due epoche diverse, risulta più semplice determinare il modo in cui un artista risponde a tematiche universali utilizzando le tecniche e lo stile artistico del proprio tempo.

GME Durante questo percorso di lavoro comune, le nostre scelte sono sempre state concordi. Abbiamo operato una selezione per addizione; ognuno di noi ha offerto il proprio contributo e le scelte non sono state mai messe in discussione, le abbiamo sempre condivise. Questa metodologia di lavoro ha sortito esiti piuttosto interessanti, perché le nostre decisioni si sono basate su prospettive e considerazioni condivise. In secondo luogo, la scelta di collocare

on *Les Femmes d'Alger*, originally painted by Eugène Delacroix in the nineteenth century. Coincidentally, the Bode-Museum in Berlin has recently hosted an exhibition that juxtaposes some of our works by Picasso with Spanish Masters from the past.

I think the reception of a single work is greatly influenced by its presentation. By placing it in dialogue with a work from a different era, we can bring to light many aspects. For instance, art historians often contemplate the evolution of art history, relying on periodization to understand artistic development. While notions of progress have evolved over time, we still strive to identify what is new and unique to a particular era or style of painting.

When juxtaposing works from different eras, we can better compare how each artist responds to universal themes using the artistic tools and styles of their time. Their comparative approach offers valuable insights into artistic expression and evolution.

GME In the course of our work together, we unanimously agreed on our selections. Each of us contributed to the selection process, resulting in a comprehensive and cohesive collection. This methodology yielded interesting results, as our decisions were often guided by shared perspectives and considerations. Additionally, the chosen works are dispersed throughout the museum, creating a curated journey that spans all the spaces of the Gallerie. Visitors are invited to embark on a treasure hunt of sorts, discovering extraordinary masterpieces scattered throughout the museum. We have crafted a dialogue that empowers visitors to freely explore the connections and correspondences between the works, allowing them to draw their own interpretations and insights from the pairings.

MICHELE TAVOLA Among the various possibilities and methods of selection facilitated by this dialogue, the comparison between genres, which naturally emerges during a tour of the exhibition, strikes me as particularly fertile and fruitful. As visitors journey through the exhibition, they witness how certain genres of painting persist across centuries and yet are juxtaposed in

le opere lungo tutto il percorso museale, coinvolgendo tutte le sale delle Gallerie, invita il visitatore a partecipare a una sorta di caccia al tesoro, alla ricerca di questi straordinari capolavori.

Abbiamo creato un dialogo che permette ai visitatori di esplorare liberamente le connessioni e le corrispondenze tra le opere, consentendo loro di trarre le proprie interpretazioni e intuizioni dagli accostamenti.

MICHELE TAVOLA Tra le diverse possibilità e metodologie di scelta introdotte da questo dialogo, appare proficuo il confronto tra generi, che emerge in maniera evidente nel percorso espositivo. Si potrà chiaramente comprendere come alcuni generi pittorici si perpetuino nei secoli e, allo stesso tempo, vengano affrontati in maniera radicalmente diversa. In alcuni casi emerge la continuità e si percepisce come gli artisti del XX secolo hanno in qualche modo seguito la tradizione, pur con nuove modalità espressive, mentre in altri frangenti, pur persistendo modi, generi e tipologie, questi sono stravolti e trasformati radicalmente. Si incontra un caso significativo nella **sala 2** a piano terra, dedicata a Tiepolo, dove si può ammirare un'interessante e sorprendente serie di bozzetti di Giambattista Tiepolo, che verranno presentati accanto a due studi di Picasso: il pubblico potrà vedere i bozzetti per i grandi affreschi e le grandi tele di Tiepolo accanto a due bozzetti per *Les Demoiselles d'Avignon*. Le differenze, dal punto di vista formale, sono ovviamente enormi, ma il confronto ci permette di comprendere come artisti di epoche lontane abbiano adottato metodi di lavoro simili, declinandoli liberamente a seconda delle loro necessità e delle loro sensibilità.

radically different ways. In some cases, continuity emerges, and you start to see how artists of the twentieth century have carried forward tradition in some way, with new expressive techniques, and in other areas while methods, genres, and typologies persist, they are turned upside down and radically transformed. There is a striking case in **room 2**, the Tiepolo room on the ground floor, where you can admire a surprising and interesting series of bozzetti by Tiepolo, which is presented alongside two studies by Picasso: the public has a chance to see the bozzetti for Tiepolo's large frescoes and large canvases next to two sketches for *Les Demoiselles d'Avignon*. From a formal point of view, the differences are obviously huge, but one can understand how artists across different eras adopted similar working methods, using them freely according to their needs and sensibilities.

VERONIKA RUDORFER The idea of pairing artworks from different times by genre (for example, portrait or landscape) has been one of the conceptual starting points of this project. We are currently facing a moment in art and art history in which the question of genre is becoming more and more important. This is especially interesting because, for most of the twentieth century, artists as well as art historians have tried to overcome these categories. This momentum comes out strong when looking at all the artworks on display at the Gallerie. If we focus, for example, on Tiepolo's bozzetti in comparison to Picasso's studies for *Les Demoiselles d'Avignon*, we can grasp the artistic process and how these artworks have taken shape and form. Jumping to another example, *Yellow Sweater* in **room I**, we can see the importance of the portrait genre, revealing Picasso's bold attempt to reshape it. What I find very striking in this regard, is Picasso's keen awareness of Christian iconography. Placing

alle pagine seguenti SALA 2
following pages ROOM 2

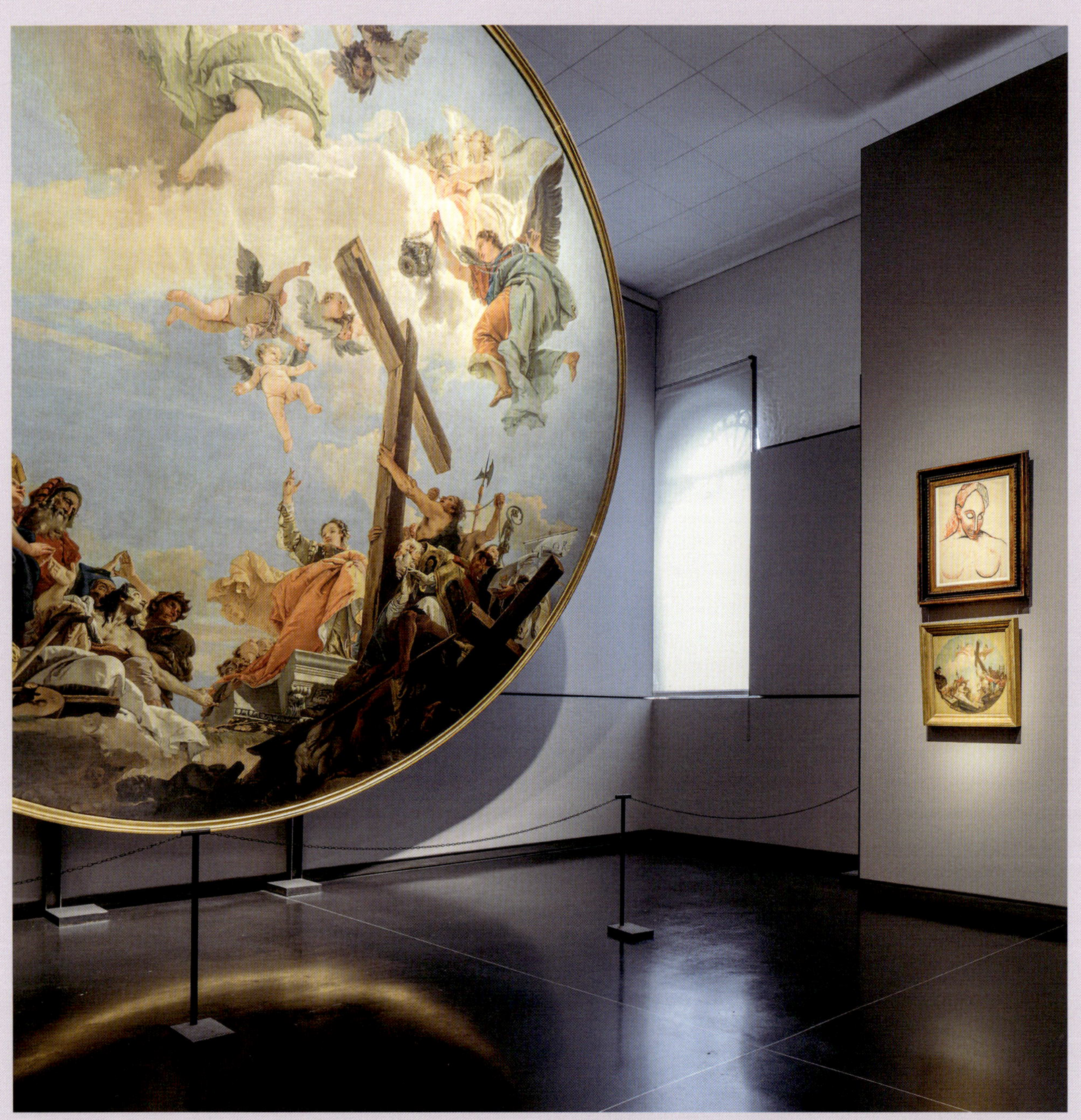

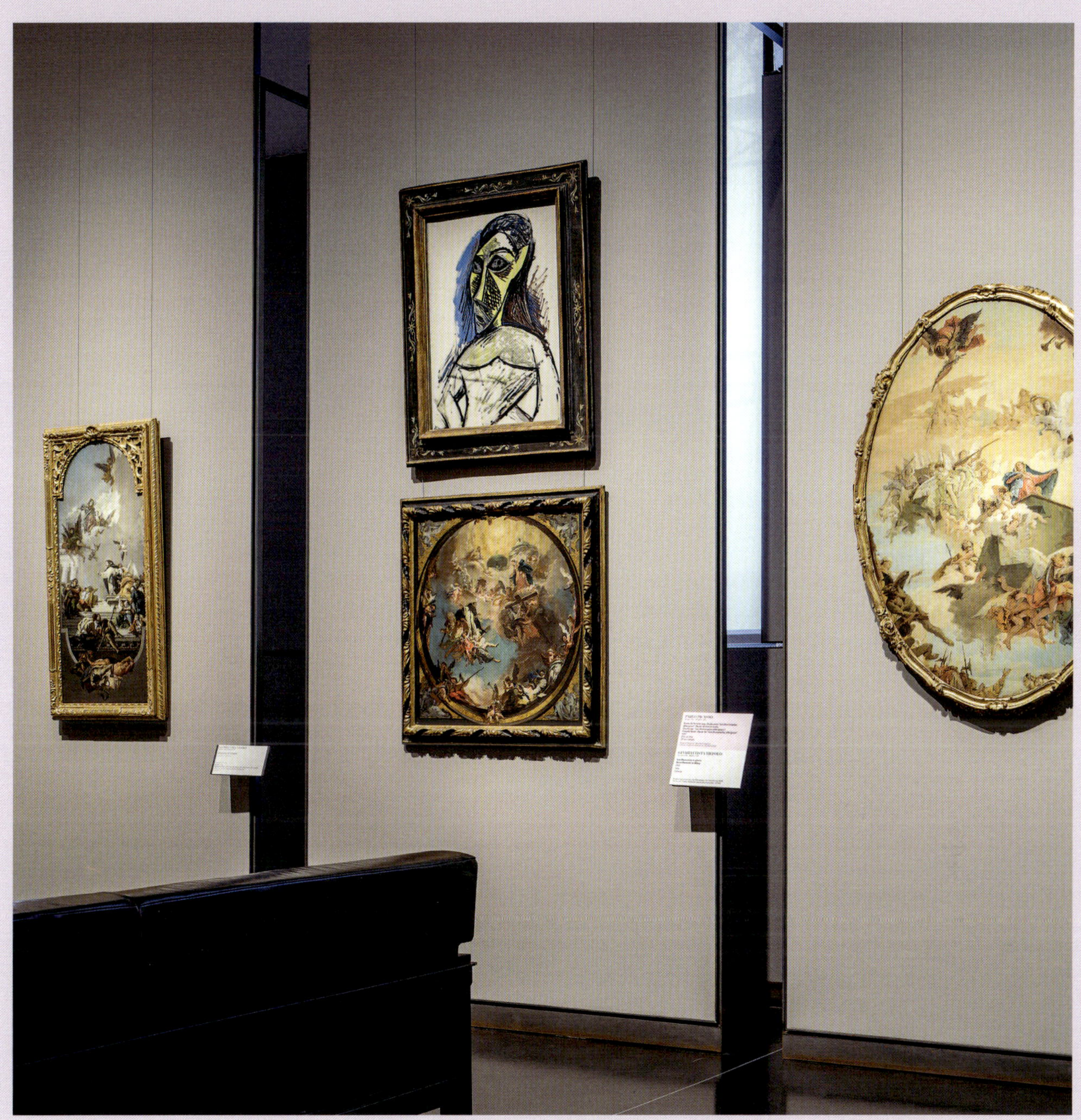

VERONIKA RUDORFER L'accostamento di opere d'arte di epoche diverse in base al genere (ad esempio il ritratto o il paesaggio) è stato, a livello concettuale, uno dei punti di partenza di questo progetto. Stiamo vivendo un momento, nell'arte e nella storia dell'arte, in cui proprio la questione del genere è sempre più rilevante. Si tratta di un aspetto degno di nota, perché per buona parte del XX secolo sia gli artisti sia gli storici dell'arte hanno cercato di oltrepassare certe categorizzazioni. Osservando le opere esposte alle Gallerie, questo slancio emerge con forza. Concentrandoci su, ad esempio, i bozzetti di Tiepolo a confronto con gli studi di Picasso per *Les Demoiselles d'Avignon*, riusciamo a cogliere chiaramente il processo artistico, il modo in cui le opere prendono forma. Un altro esempio è *Le chandail jaune* in **sala I**, che ci mostra l'importanza del ritratto come genere. In questo caso capiamo immediatamente quanto Picasso si sia impegnato per creare un nuovo modo di ritrarre. L'aspetto più sorprendente, dal mio punto di vista, è la notevole consapevolezza che dimostra di avere rispetto all'iconografia cristiana. La collocazione di quest'opera nella sala in cui sono esposti i dipinti religiosi del tardo Medioevo mette in luce i legami artistici di Picasso. Si nota inoltre come il ricorso all'arte del passato fosse per lui una parte fondamentale del processo creativo. Il legame con l'iconografia cristiana, in particolare quella cattolica, è evidente nella sua opera; Picasso conosceva bene le icone bizantine, così come l'arte religiosa spagnola di ispirazione cattolica. Il suo rapporto con il genere pittorico del ritratto è connesso alla presenza di legami con una più vasta gamma di tradizioni artistiche, come appunto l'iconografia cristiana. Esistono molti altri esempi sia nelle opere delle Gallerie sia del Museum Berggruen.

MT Il ritratto è un genere pittorico che persiste anche nel XX secolo, ma è cambiato radicalmente perché la sua funzione pratica

SALA I
ROOM I

this work alongside late Medieval religious paintings highlights Picasso's artistic ties and his incorporation of past art into his creative process. The connection to Christian and especially Catholic iconography is evident in Picasso's work, he was familiar with Byzantine icons and Spanish Catholic religious art. His exploration of the portrait genre is thus enriched by his engagement with broader artistic traditions, such as Christian iconography. There are several other examples, both in the Gallerie works and in the collection of Museum Berggruen.

MT The portrait is a genre of painting that persists well into the twentieth century, but radically changed because its practical function and use ceased completely with the arrival of photography, and this led to very powerful formal transformations. There is an interesting example in the first room on the ground floor of the Gallerie dell'Accademia, a room with portraits of artists, where we have placed Picasso's portrait of Braque, which fits extraordinarily well within this context. In formal terms, the cultural and stylistic gap is almost shocking, but it seems that this guest from Museum Berggruen, temporarily housed in the Gallerie dell'Accademia, organically complements a coherent tour that runs spanning the centuries from the seventeenth to the twentieth. Another notable pairing is Picasso's portrait of Dora Maar and Giorgione's *The Old Woman* in **room 8**, but I'll let Giulio Manieri Elia discuss that further.

GME I was very keen on this pairing, which was unanimously agreed upon. Two absolute masterpieces. We're talking, of course, about two completely different portraits that I think work well together, they reveal certain similarities and convey a similar idea: two women, depicted

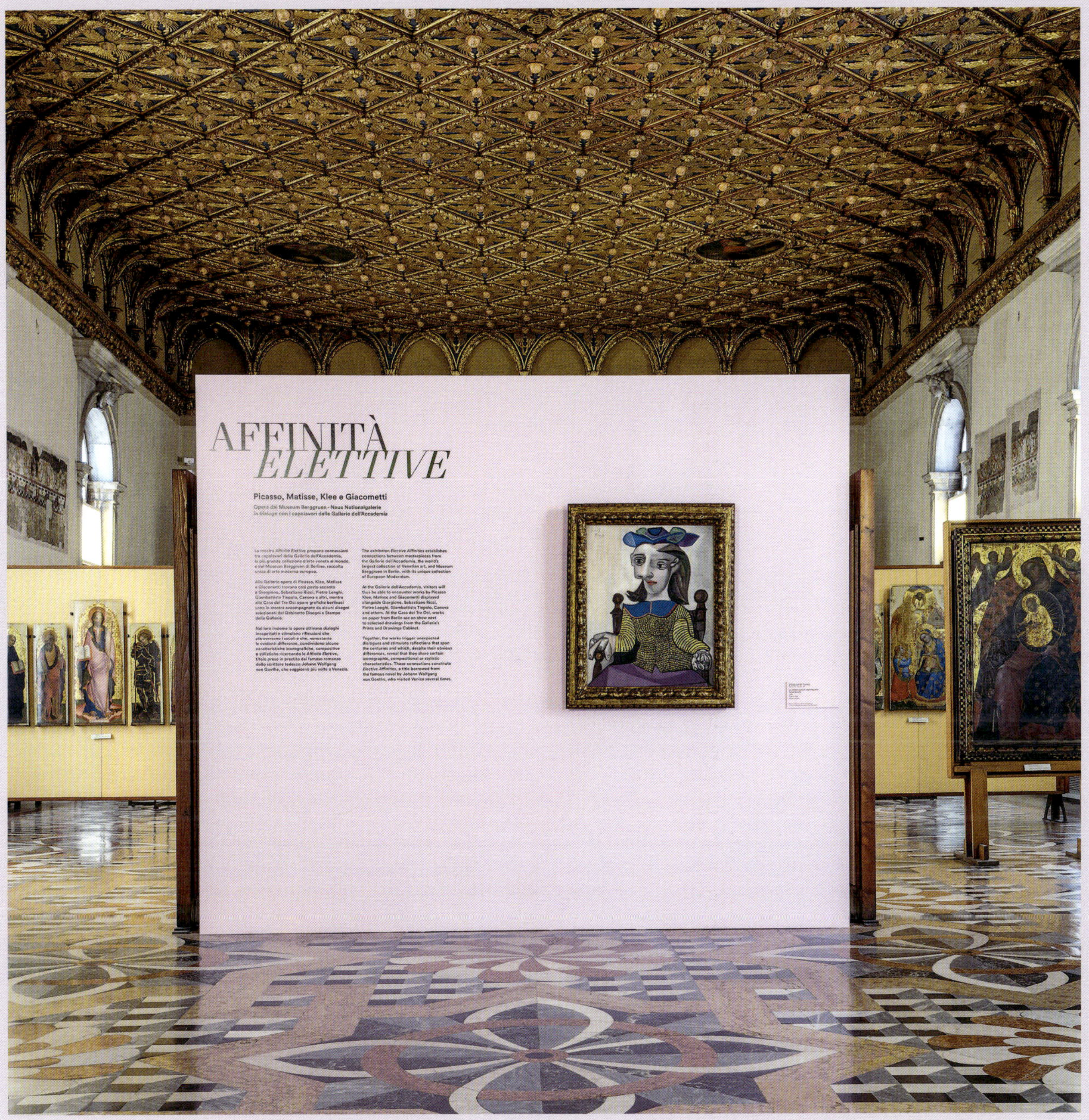
AFFINITÀ
ELETTIVE
Picasso, Matisse, Klee e Giacometti
Opere dal Museum Berggruen - Neue Nationalgalerie
in dialogo con i capolavori delle Gallerie dell'Accademia

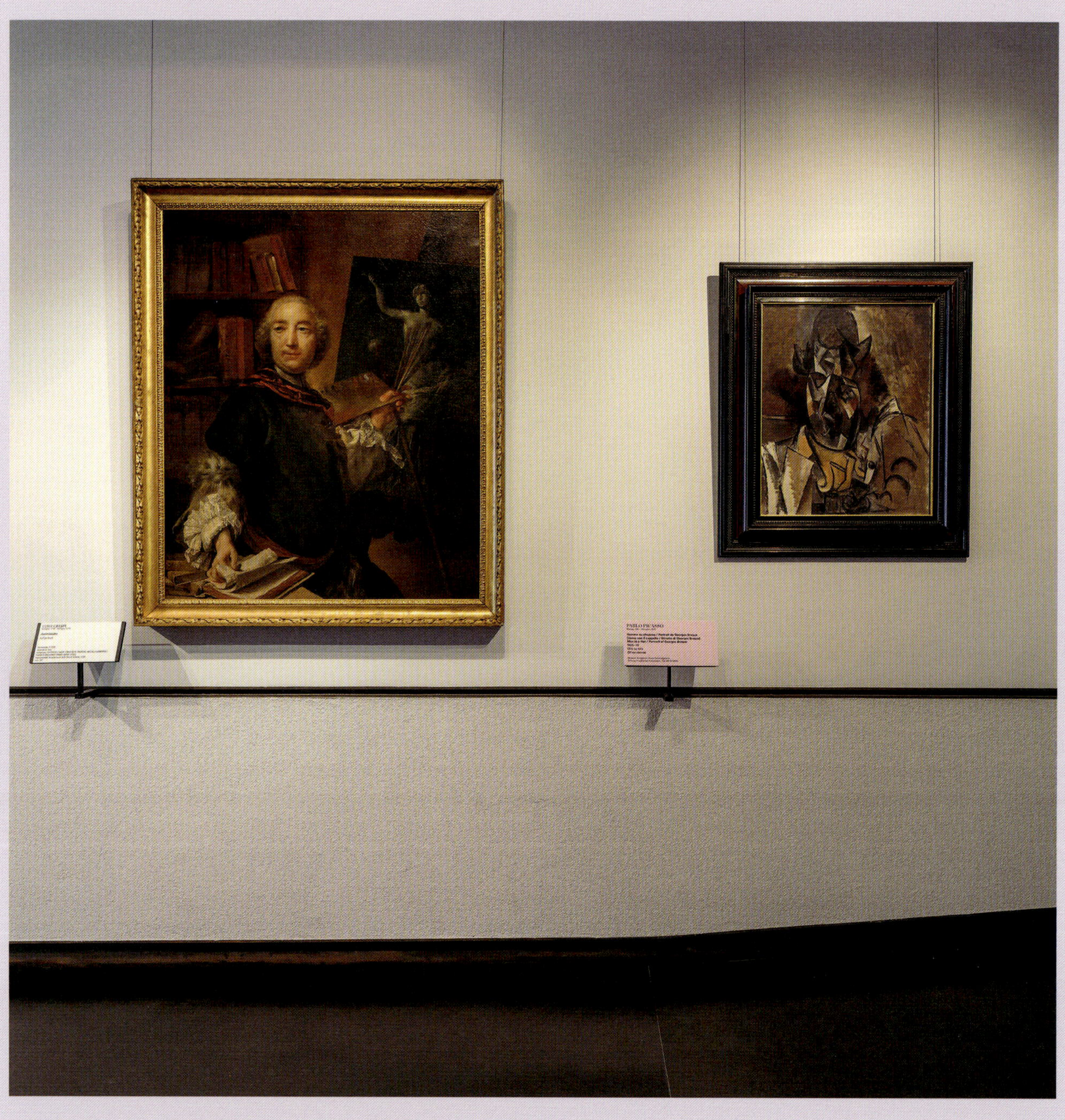
PABLO PICASSO

SALA 1
ROOM 1

alle pagine seguenti SALA VIII
following pages ROOM VIII

e il suo utilizzo sono cessati completamente dopo l'avvento della fotografia, comportando trasformazioni formali molto forti. Un caso particolare si riscontra proprio nella prima sala del museo al piano terra, dove sono esposti alcuni ritratti di artisti, e qui troviamo il ritratto di Braque eseguito da Picasso, che si inserisce straordinariamente in questo contesto. Da un punto di vista formale il divario culturale e stilistico è quasi sconvolgente, ma sembra che questo dipinto, proveniente dal Museum Berggruen e temporaneamente ospitato alle Gallerie dell'Accademia, completi in maniera organica un percorso coerente che si snoda attraverso i secoli, dal Seicento fino al Novecento. Un altro confronto interessante è quello tra il ritratto di Dora Maar di Picasso e *La vecchia* di Giorgione in **sala VIII**, ma su questo lascio la parola al direttore delle Gallerie.

GME Tenevo molto a questo confronto, che ci ha trovati di comune accordo. Due capolavori assoluti, sebbene ovviamente due ritratti completamente diversi, che ritengo possano essere accostati perché presentano alcune similitudini e trasmettono un'idea comune: due donne, raffigurate leggermente di tre quarti e a mezzo busto, ma con sguardi completamente diversi. Dora Maar volge gli occhi leggermente al di sopra dello spettatore, mentre *La vecchia* di Giorgione si rivolge direttamente a noi. Entrambe sottintendono un rapporto intimo con chi le ha dipinte: è noto che Dora Maar è stata l'amante di Picasso, mentre *La vecchia* forse era la madre di Giorgione. Entrambe, però, sono pensierose, come se riflettessero sui condizionamenti del momento, sui tempi complessi che stanno vivendo: il contesto politico e forse gli effetti del trascorrere del tempo. Un ritratto richiama la Francia del 1936, l'altro esplicita la riflessione sul tempo nel

slightly in three-quarter profile and half-length, but with very different gazes. Dora Maar's eyes are focused slightly above the viewer, while Giorgione's *The Old Woman* looks us directly in the eye. They both imply an intimate relationship with the portraitist, we know that Dora Maar was Picasso's lover and *The Old Woman* might have been Giorgione's mother, in which case they both had an intimate relationship with the portraitist. Both, however, are thoughtful, as if reflecting on the moment, on the complex times that they are living through: the political context and the effects of time. One work recalls France in 1936, while the other explicitly reflects on the passage of time in its title. Despite the differing eras, there is a strong similarity in the experiences of these two sitters. I find this pairing highly stimulating.

Another interesting pairing in the same room are the nudes by Giorgione and Matisse. Once again, a Giorgione masterpiece occupies one of the main rooms in the Gallerie dell'Accademia, creating a dialectical pairing. Beyond the fact that these are two nude figures, two women, they are also almost monochromes: one painting is blue and the other is largely pink, but that may be where the similarities end. Otherwise, everything is different. Giorgione's solid and monumental figure is set against classical architecture, while Matisse's figure, constructed without outlines or limits, exudes freedom and lightness in its movements and composition.

GM You are absolutely right. I am convinced the proximity of these two paintings is sure to ignite a spark in the eyes of visitors. I think we all agree that, if we had a normal exhibition at Museum Berggruen in Berlin, and we had asked to borrow, for example, *The Old Woman* by Giorgione, you might not have considered placing it next to *Dora Maar with Green Fingernails*. On the contrary, the juxtaposition of these works reveals their complementary nature and enhances the viewing experience.

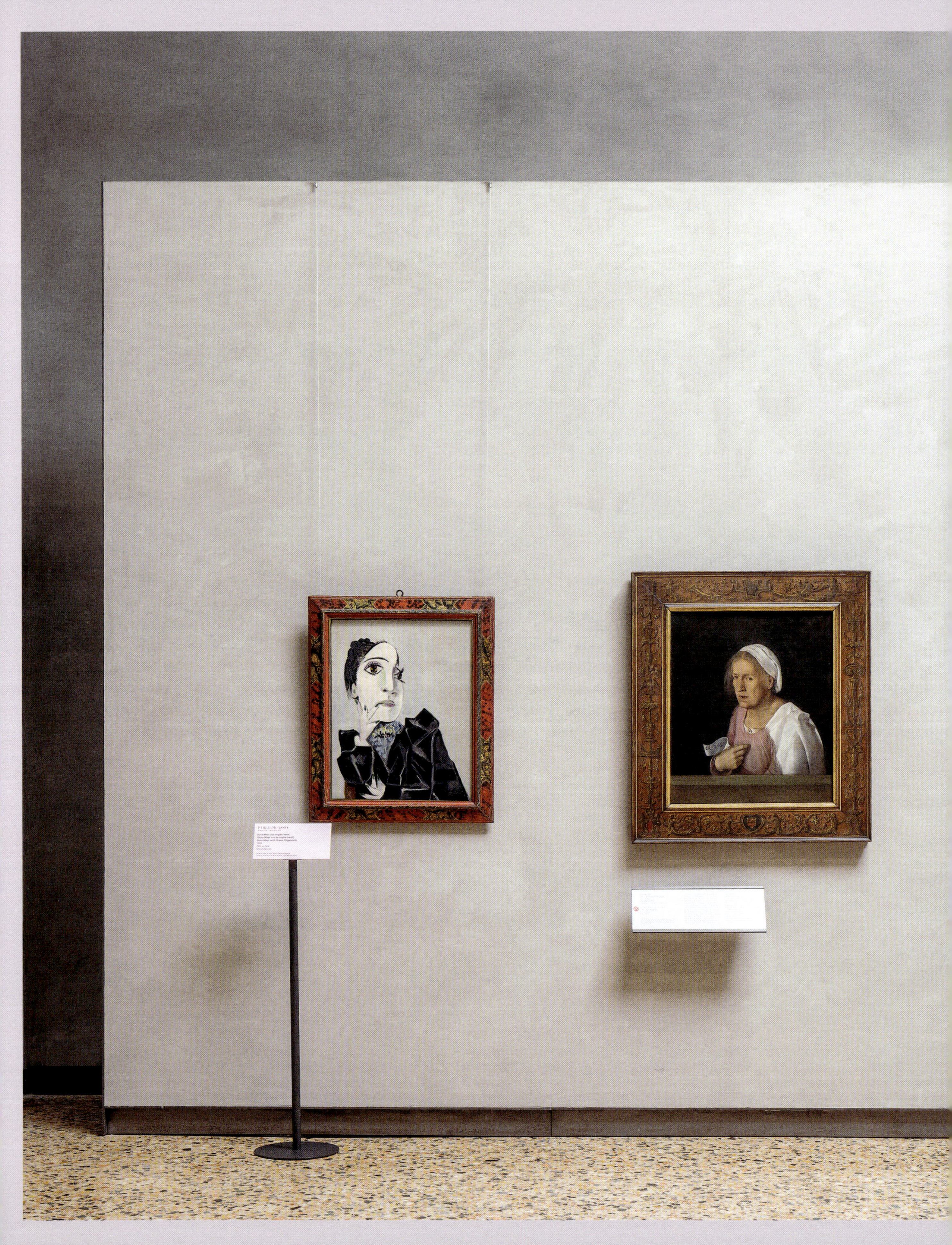

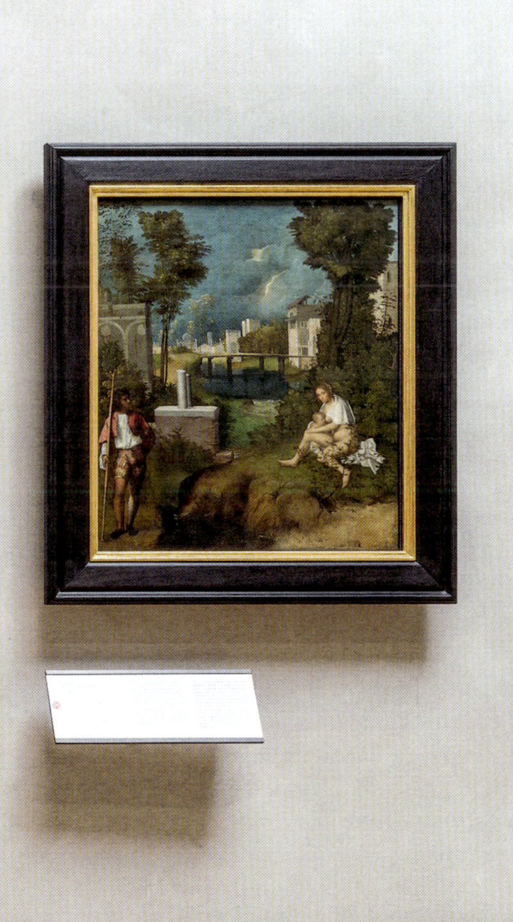
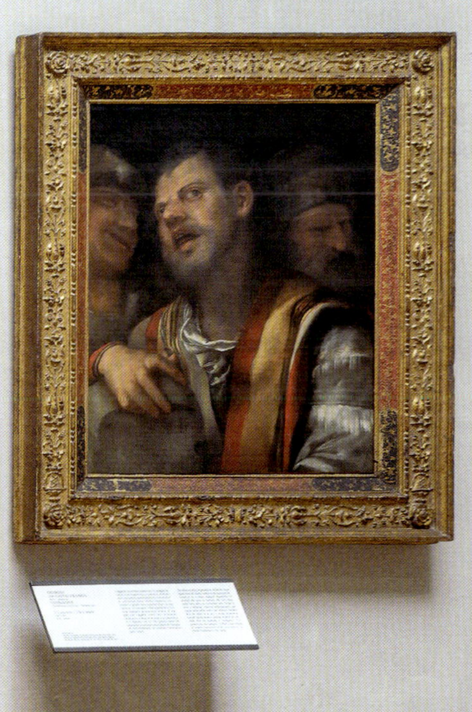

cartiglio. Seppure provenienti da due diverse dimensioni temporali, i due ritratti femminili sono accomunati da una forte somiglianza. È un confronto molto stimolante.

L'altro accostamento interessante si trova nella stessa sala, e coinvolge i "nudi" di Giorgione e Matisse. Giorgione è nuovamente protagonista, in una delle sale principali delle Gallerie dell'Accademia, in un confronto dialettico. Si tratta ovviamente di due figure femminili nude, ma sono anche due monocromi: un dipinto è blu e l'altro è in gran parte rosa. Forse, le similitudini finiscono qui. Il resto è tutto diverso e in contrasto. La *Nuda* di Giorgione è solida e monumentale e si connette alla statuaria classica, racchiusa in un'architettura; la figura di Matisse, tracciata senza contorni né limiti, esprime libertà nei movimenti e leggerezza.

GM Concordo pienamente. Sono convinto che i visitatori sapranno cogliere la scintilla che scaturisce da questi due accostamenti. Siamo tutti d'accordo, immagino, che se organizzassimo una normale mostra al Museum Berggruen di Berlino chiedendo in prestito, ad esempio, *La vecchia* di Giorgione, probabilmente non accettereste di collocarla vicino a *Dora Maar aux ongles vertes*. Però, per i motivi appena elencati, ci rendiamo conto che, dopo averli accostati, questi dipinti insieme ci offrono una nuova esperienza visiva.

Osserviamo il modo in cui, entrambi gli artisti, Picasso e Giorgione, hanno rappresentato le mani, come le hanno posizionate nei due dipinti. Per Picasso era particolarmente importante il colore verde delle unghie, richiamato anche nel titolo. La posizione, comunque, è molto diversa. *La vecchia* indica se stessa in un gesto di autoconsapevolezza. In Picasso la funzione delle mani ha invece una certa vacuità, non capiamo se il viso vi sia

Let us look closer at how both artists, Picasso and Giorgione, depicted hands and positioned them in these two paintings. For Picasso, the green color of the fingernails, which influenced the title, was especially significant. However, there is a notable difference in the positioning of the hands: *The Old Woman* points at herself in a gesture of self-consciousness, while there is a little bit of vacuousness surrounding the function of the hands in Picasso, it is unclear whether she rests her jaw on her hand, but both hands are very prominent and have only four fingers. I also particularly like the juxtaposition, the contrast between the background color and the figure itself. Dora is depicted wearing black against a light background, the opposite of *The Old Woman*'s portrayal. Furthermore, Dora's black hair echoes the color of the coat she is wearing, while *The Old Woman* wears a white bonnet and a mantilla around the shoulders. Although Picasso may not have consciously referenced this particular work when creating his own, we can observe that certain stylistic elements and devices used by artists are universal among painters of high quality. Exceptional artists often learn from studying Old Masters and adapt these devices specifically for their generation.

In addition to this more pedagogical effect which we hope visitors will appreciate, there is something that goes beyond the artist's intention. *The Naked Woman* by Giorgione, despite its monumentality and strength, also exudes a sense of fragility in the state it is now. I think this is something that contrasts extremely well with Matisse's *Blue Nude Skipping* in **room VIII**, where the silhouette is very clear and evident. The cut-out recalls the *lignes claires* that Matisse applied so well in his drawings, and at the same time, paper is a very fragile material, the glued paper can easily deteriorate, as the damaged surface of *The Naked Woman* has done in some parts. Both works embody a dichotomy of presence, monumentality, strength, and fragility, airiness, and lightness. When viewed side by

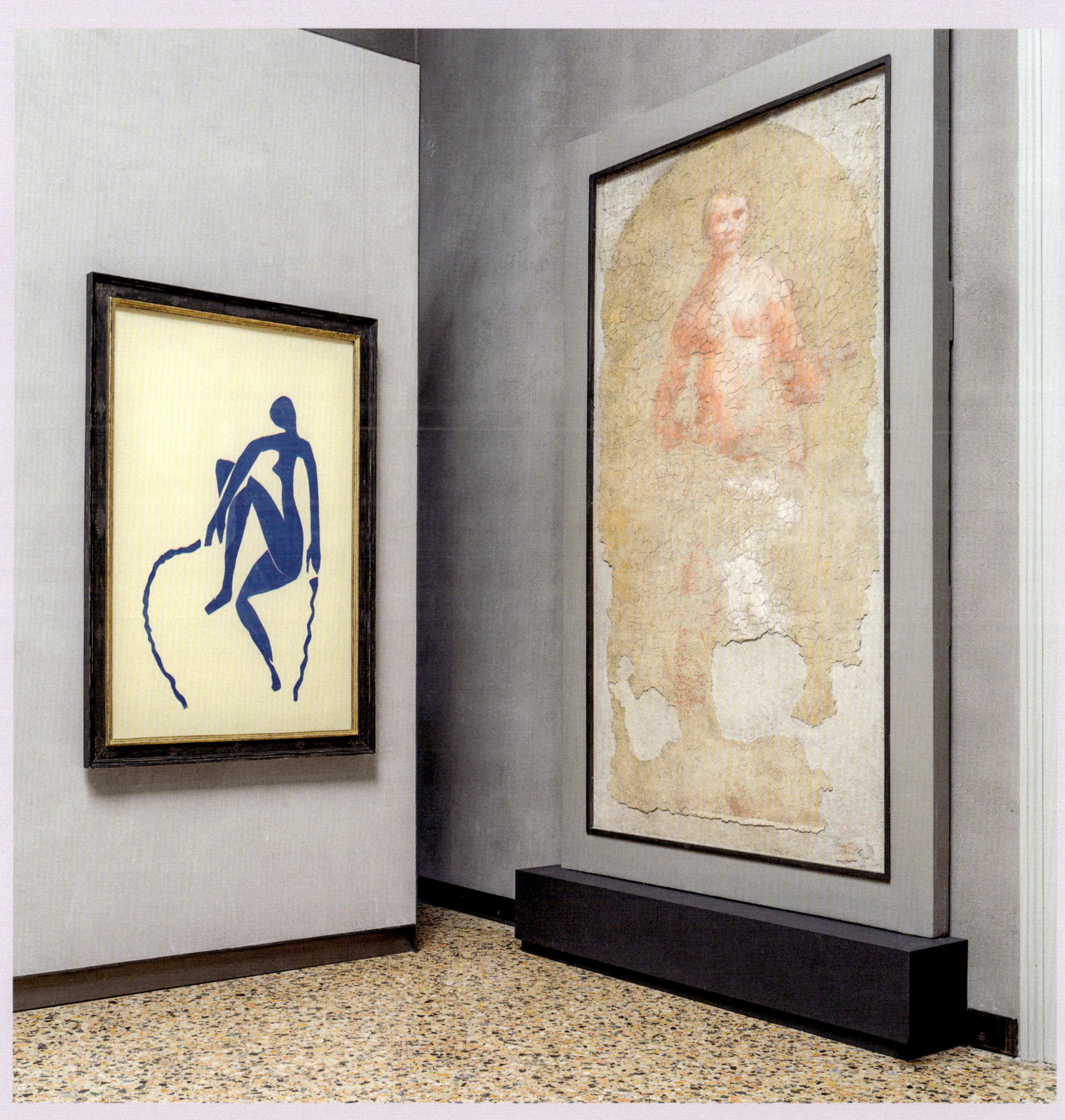

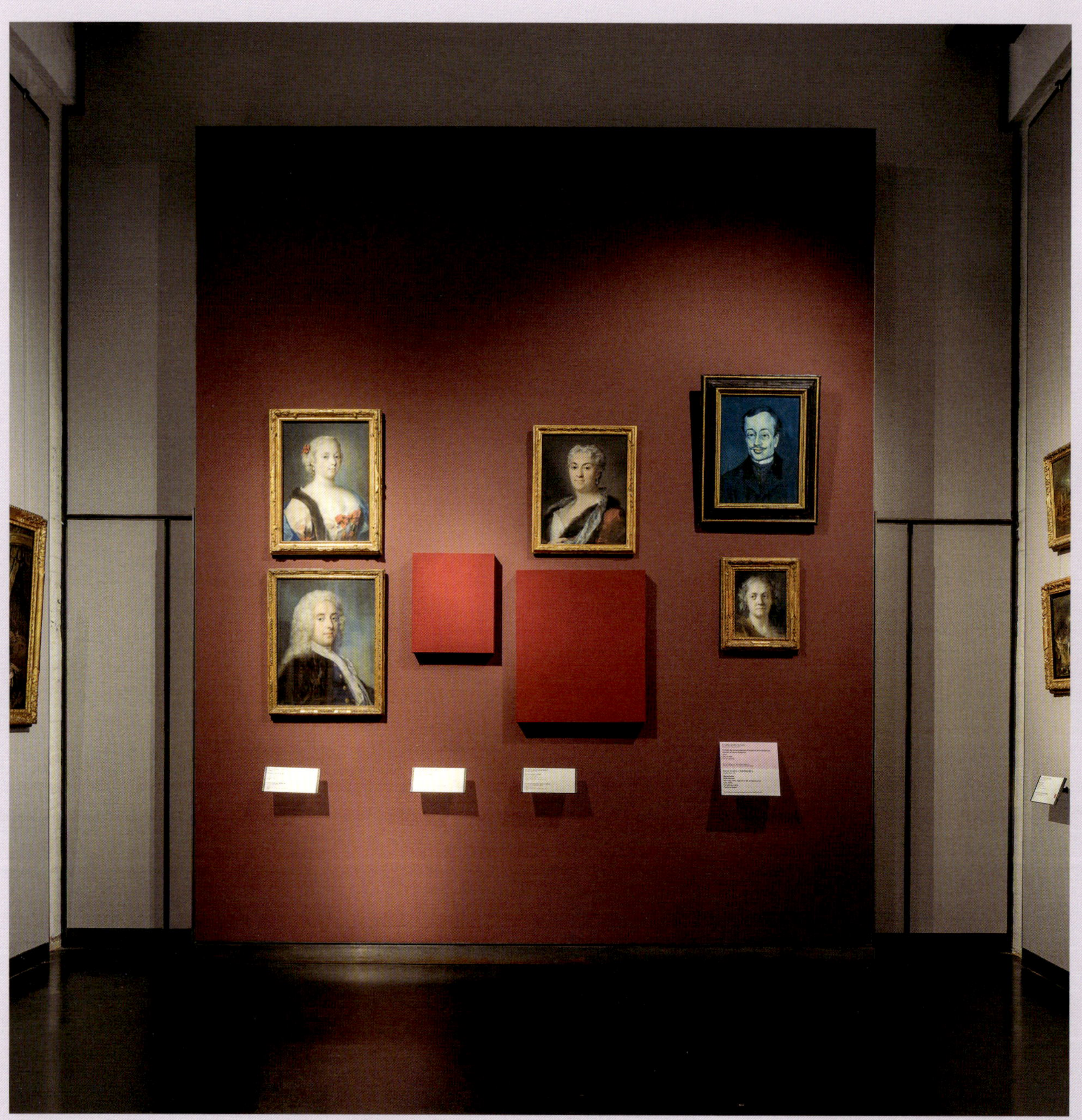

appoggiato o meno, ma le mani sono entrambe ben visibili e mostrano solo quattro dita. Mi piace molto anche la giustapposizione, il contrasto tra il colore dello sfondo e la figura. Dora è vestita di nero su fondo chiaro, esattamente l'opposto rispetto a *La vecchia*. I suoi capelli sono neri, proprio come il cappotto che indossa, e questo stesso effetto lo ritroviamo nell'altro dipinto, con il bianco della cuffietta ripreso da quella sorta di mantellina appoggiata sulle spalle. Naturalmente non stiamo affermando che Picasso si sia ispirato a quest'opera in particolare nel concepire il suo ritratto; notiamo però che alcuni "strumenti stilistici", alcuni dei mezzi utilizzati dagli artisti, sembrano essere universali tra i pittori di alto livello. Gli artisti eccezionali li hanno appresi studiando i loro predecessori e li hanno poi adattati in modo specifico per la loro generazione. Accanto a questo aspetto più didascalico, che speriamo sarà apprezzato dai visitatori, c'è qualcosa che va oltre l'intenzione dell'artista. La *Nuda* è monumentale e forte, ma nelle condizioni attuali presenta anche una sorta di fragilità che, secondo me, crea un abbinamento perfetto con la *Sauteuse de corde* di Matisse nella **sala VIII**, con la sua silhouette chiara e netta. Il *papier decoupé* ricorda le *lignes claires* che Matisse usava nei disegni ma, allo stesso tempo, la carta è un materiale molto fragile, le parti incollate possono facilmente deteriorarsi, come in parte la superficie della *Nuda*. È una fragilità che si accompagna a una certa monumentalità. Entrambe le opere presentano una duale presenza, importanza, forza e, contemporaneamente, di fragilità, ariosità, leggerezza; osservate l'una accanto all'altra, riescono a far emergere reciprocamente le stesse qualità e la tensione creata tra queste dicotomie. Si valorizzano a vicenda, sviluppando il reciproco potenziale.

VR Vorrei tornare al ritratto e considerare un'altra affascinante coppia: Pablo Picasso e Rosalba Carriera nella **sala 8**. I due ritratti hanno molto in comune, forse non immediatamente percepibile, ma c'è un legame che va oltre l'ovvio. L'opera di Picasso, il ritratto di Jaime Sabartés, caro amico e successivamente segretario dell'artista, emana un senso di

SALA 8
ROOM 8

side, both works enhance each other, bringing out these qualities and the tension that arises between these dichotomies. They mutually develop each other's potential.

VR Let's look at another intriguing juxtaposition, Pablo Picasso and Rosalba Carriera in **room 8**. At first glance, these two artists may not have much in common, but there is a connection beyond the obvious here. Picasso's portrait depicts his close friend and later secretary, Jaime Sabartés, and exudes an intimate feeling. Knowing the background of the artwork, knowing that back then Sabartés was struggling with which direction he wanted to aim his artistic endeavors, the sadness and melancholy in the portrait, expressed through the blue color palette, makes a lot of sense. Carriera's portrait is an outstanding example of a work by a female artist of that time, which is especially important to mention here because she is the only female artist in our selection. In this work, her self-confidence as an artist is evident; she has a very strong presence, occupying most of the image space here. Both examples showcase what the portrait genre is capable of. Thinking about the invention of photography, many artists, especially in the early twentieth century, thought that photography made mimetic, realistic portraits obsolete. But in both examples, before the invention of photography in Carriera's case, and after it in Picasso's case, it becomes clear that a painted portrait is so much more than just a depiction of a person: these two examples capture the essence and character of the subject, either self-confidence or insecurity.

intimità. Conoscendo il retroscena e sapendo che all'epoca Sabartés stava faticosamente decidendo come indirizzare i suoi sforzi in campo artistico, la tristezza e la malinconia del ritratto, espresse attraverso una tavolozza di blu, assumono maggiore significato. Il ritratto di Rosalba Carriera, è un esempio eccezionale di opera eseguita da un'artista donna dell'epoca, ed è particolarmente importante parlarne perché la pittrice è anche l'unica rappresentante femminile della nostra selezione. Dal dipinto emerge in maniera evidente la sua sicurezza come artista. In questo autoritratto l'artista ha una presenza fortissima, occupa la maggior parte dello spazio disponibile. Entrambe le opere evidenziano le potenzialità del ritratto come genere. Pensiamo all'invenzione della fotografia e ai decenni subito successivi, molti artisti, soprattutto all'inizio del XX secolo, erano convinti che questa novità avrebbe reso obsoleti i ritratti mimetici e realistici. I due esempi citati – Rosalba Carriera, antecedente all'invenzione della fotografia, e Picasso successivo a questa – indicano tuttavia come un ritratto dipinto sia molto più di una semplice rappresentazione della persona: entrambe le opere sono in grado di svelare il carattere, di mostrare la loro fiducia in se stessi o la loro insicurezza.

GME Ecco, Veronika, nella sua riflessione ha dato maggiore spessore a questa scelta. Infatti, inizialmente si è trattato di una decisione quasi istintiva, guidata più dalla dimensione e dal cromatismo dell'opera di Picasso che ben si adattava sulla parete con i quadri di Rosalba Carriera. È stata una scelta sostanzialmente estetica e formale. Veronika ha aggiunto una riflessione più profonda, questo è un buon esempio di come, nel confronto tra le opere, si possono sviluppare discorsi e stimoli sempre nuovi rispetto alle intenzioni iniziali.

MT Nella **sala 6** al piano terra viene esposto il *Grand nue couché* di Picasso in rapporto con la *Morte di Rachele* di Giambettino Cignaroli, approfondendo il tema del nudo. Da un punto di vista più epidermico, superficiale e diretto, qui c'è un dialogo forte e netto tra le due figure sdraiate. Un dialogo che è immediato e suggestivo,

SALA 6
ROOM 6

GME Veronika's insight has added an extra layer of depth to this choice. At first, it was almost an instinctive choice, led largely by the size and palette of Picasso's work, which worked well on the wall with Rosalba Carriera's paintings. So, in essence, the choice was more an aesthetic and formal one. Veronika has added something deeper, and this is a good example of how the pairing of the works can allow new discourses and stimuli to develop beyond our original intentions.

MT In **room 6** on the ground floor, we are showing Picasso's *Large Reclining Nude* alongside *The Death of Rachel* by Giambettino Cignaroli, exploring the theme of the nude. On a more superficial and direct level, there is a clear and immediate dialogue going on here between the two reclining figures, creating a visually captivating connection. However, if we were to limit ourselves to this formal reference alone, in which it is easy to recognize a gesture that establishes a link between the modern and the ancient, the pairing would risk becoming a superficial and sterile exercise. However, if we move beyond that surface, we uncover how both artists are reflecting on the timeless theme of the nude, which has roots in classical statuary and extends throughout art history. Once again, this pairing allows us to witness the continual re-examination and reinterpretation of painting tropes across centuries.

GME This pairing also invites contemplation on the underlying anxiety and drama depicted in both artworks. In Cignaroli's *Death of Rachel*, we witness Rachel's passing during childbirth and in this scene, her husband Jacob is weeping desperately for her. Similarly, Picasso's *Large Reclining Nude*, painted amid the turmoil of 1942, also offers a dramatic scene, a female nude, in

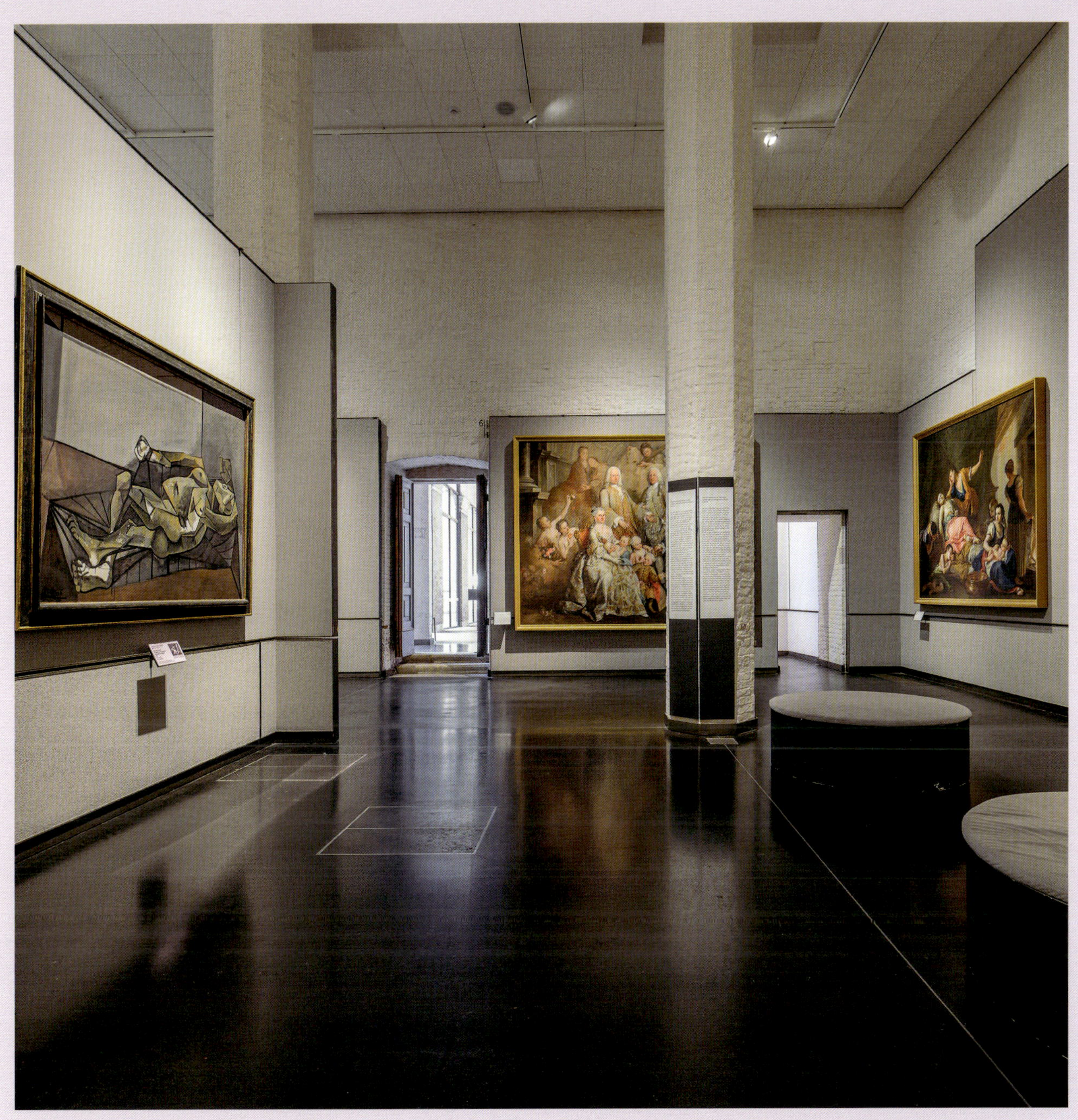

piacevole e affascinante. Però, se ci limitassimo a questo rimando formale in cui è facile riconoscere un gesto che instaura un collegamento tra il moderno e l'antico, allora potremmo continuare all'infinito e il confronto si ridurrebbe a una sorta di gioco divertente ma sterile. Però, se oltrepassiamo la superficie, notiamo come entrambi gli artisti riflettano sul tema del nudo, una tematica antica che risale agli albori della storia dell'arte, dalla statuaria classica in poi. Il confronto ci fa di nuovo vedere come alcuni *topoi* della pittura continuino a essere frequentati dagli artisti nel corso dei secoli e allo stesso tempo vengano rinnovati e reinventati continuamente.

GME Questo confronto ci spinge anche a riflettere sull'ansia e sul dramma del momento. Nel dipinto di Cignaroli, la scena rappresenta la morte di Rachele durante il parto e il marito Giacobbe che la piange disperatamente. Anche Picasso propone una scena drammatica, un nudo femminile dipinto in un'atmosfera dai colori densi e cupi, che evoca un senso di ansia. Il *Grand nu couché* è stato dipinto nel 1942, in un contesto storico problematico che aveva effetti tragici sulla vita privata dei protagonisti. Il dramma – che coinvolge due figure femminili, Rachele per Cignaroli e Dora Maar per Picasso – è presente in entrambi i dipinti, determinato da un fatale incidente nel primo e dalle vicende storiche nell'altro. Seppure generato da una scelta formale, questo accostamento si evolve per esplorare contenuti tematici più profondi, offrendo un approccio stimolante per gli spettatori.

GM Sono d'accordo, ruota tutto intorno alla drammaticità del momento. Con questi due dipinti assistiamo a una rappresentazione molto simile, incentrata sull'anatomia del corpo, ma con linguaggi che appartengono rispettivamente alla fine del XVIII e al XX secolo. Cignaroli, per rimarcare il dramma, contorce il corpo di Rachele. Osservando l'anatomia notiamo che il torso è reclinato, ruotato leggermente verso destra a seguire il peso della testa; le gambe, invece, sono piegate in modo accentuato verso sinistra, la tensione evidente nel ginocchio destro e nella posizione del piede sinistro. Questo, come dicevo, sottolinea il dramma. La contrazione del

an atmosphere of dense, dark colors, evoking a sense of anxiety, a somber atmosphere, and reflecting the tumultuous historical context of its time. While the drama in Cignaroli's work stems from a specific incident, Picasso's painting resonates with the broader effect of history, intertwining personal and societal narratives. Despite emerging from a formal choice, this pairing evolves to explore deeper thematic content, offering a thought-provoking encounter for viewers.

GM I agree, it's exactly about the drama of the moment. With these two paintings, we witness a very similar representation in the visual languages of the late eighteenth and twentieth centuries, focusing on the anatomy of the body. Cignaroli, to highlight the drama, twists Rachel's body. When you look at her anatomy, her torso is reclining, slightly turned to her right following the weight of her head. But her legs are strongly bent to her left, the tension shows in her right knee and the position of her left foot. This just emphasizes the drama, the tension of the body acts as a metaphor for the tension in the narration—will she survive childbirth? In Picasso's work, the anatomy is completely twisted: if these legs were stretched out, one would be much longer, by at least one or two feet, and when you compare the position of the toes, you will notice that the left foot is attached to the right hip, and the right foot to the left hip. We have a contorted, impossible body, but we still recognize it as a human figure. This

corpo diviene metafora della tensione narrativa: sopravviverà oppure no al parto? In Picasso l'anatomia, ancora una volta soprattutto quella degli arti inferiori, è totalmente stravolta. Se immaginassimo tali gambe distese, una risulterebbe molto più lunga, con una differenza di qualche decina di centimetri; confrontando poi la posizione delle dita, ci rendiamo conto che il piede sinistro corrisponde all'anca destra e il destro all'anca sinistra. L'anatomia è completamente distorta, questa figura non può assolutamente esistere, ma è comprensibile, la riconosciamo ancora come umana. La distorsione intenzionale crea un drammatico senso di disagio e presagio, amplificato dallo sfondo vuoto, quasi un palcoscenico spoglio del teatro dell'assurdo. Gli attori e gli oggetti di scena sono scomparsi, rimane lo spazio vuoto, fatta eccezione per una sorta di struttura, simile a una ragnatela, che sostiene il corpo, acuendo la sensazione di claustrofobia e depressione. Si ha davvero l'impressione che qualcosa non funzioni. È il 1942, Picasso – rimasto a Parigi dopo l'invasione tedesca – è considerato dai nazisti un artista "degenerato". Fervente difensore della Repubblica spagnola e nemico di Franco, è ritenuto "persona non grata" nella Francia occupata. Egli tuttavia resta, anche se non può esporre le sue opere: questa è la situazione che si riflette in questo dipinto. Inoltre, a Parigi in tempo di guerra era in vigore il coprifuoco e non era consentito uscire la sera dopo una certa ora. Tutto quello che Picasso aveva vissuto in precedenza, le notti bohémien a Montmartre, la "città delle luci", non esisteva più, cosa che contribuì al suo stato depressivo.

Ciò che apprezzo di questo accostamento è che in Cignaroli abbiamo una scena allegorica basata su un testo antico, la Torah o l'Antico Testamento, mentre in Picasso, più che un'allegoria vera e propria, abbiamo un'allegoria senza nome, anonima. Entrambe sono però universali. E questo le porta nel presente, le avvicina allo spettatore contemporaneo. In entrambe le opere possiamo scorgere qualcosa con cui relazionarci, pur senza conoscere le circostanze esatte. Ad esempio, lo stesso dipinto di Picasso è stato presentato in Cina e i visitatori lo hanno messo in relazione all'isolamento

intentional distortion creates a sense of unease and foreboding, amplified by the stark, empty backdrop reminiscent of an absurd theater stage. There is nothing left on the stage, the absence of props or additional figures enhances the atmosphere of claustrophobia and despair. It really gives you the impression that something is wrong. Set against the backdrop of wartime Paris, where Picasso was labeled a "degenerate" artist by the Nazis and was not allowed to exhibit his works, this situation is reflected here, in this painting. I should also add that in wartime Paris, there were curfews; people were not allowed to go out in the streets after a certain hour at night. All that Picasso had experienced before, the bohemian nights in Montmartre, their lights had gone, and it also added to his state of depression.

What I like about this pairing is that what we have with Cignaroli is an allegorical scene, based on a very ancient text, the Torah or the Ancient Testament. What Picasso does is not an allegory as such, it is an allegory without a name, an anonymous allegory. But both are universal. And this is what brings them into the present and close to viewers. In both works, you are able to see something and relate to it, regardless of knowing the circumstances. In China, for example, where we presented this work by Picasso, viewers related it to the confinement during COVID-19. Of course, knowing the story of Rachel, knowing Picasso's biography, helps you to interpret the painting, but with great paintings, great artworks, you are able to feel, to instantly understand that something of importance is happening, a drama as Giulio said, even without knowing the background of the story. I think that in a pairing like this, the force of art, the force of painting becomes evident.

durante l'epidemia di Covid-19. Conoscere la storia di Rachele, o la biografia di Picasso, ci aiuta sicuramente a interpretare il dipinto, tuttavia nei grandi quadri, nelle le grandi opere d'arte, si riesce sempre a percepire, si capisce immediatamente che sta avvenendo qualcosa di importante – un dramma, come ha detto Giulio – anche se i retroscena della storia non sono chiari. Un abbinamento come questo, secondo me, rende davvero evidente la forza dell'arte, la forza della pittura.

GME Cambiando completamente tematica, nella **sala 3** troviamo in accostamento la *Coupe de fruits avec poires et pommes* di Picasso e l'*Allegoria della Vanità della vita* di Nicolaes van Verendael.

La parte principale di questa sala vuole essere un'interpretazione di una possibile collezione veneziana del Seicento. Vi abbiamo collocato tutto ciò che non doveva mancare in una quadreria dell'epoca, quindi tutti i generi artistici inclusa la natura morta. Avevamo inizialmente proposto un confronto più completo con le opere della collezione del Museum Berggruen, che comprendeva i generi della natura morta, del paesaggio e del ritratto. Purtroppo, abbiamo dovuto rinunciare all'idea per questioni di allestimento perché non abbiamo trovato un dipinto di paesaggio di dimensioni compatibili con lo spazio disponibile sulla parete. Abbiamo preferito lavorare sui confronti, cercando di mantenere il più possibile le opere esposte. La parete, ricca di dipinti, ha richiesto un posizionamento strategico per accogliere le opere del Museum Berggruen. Nonostante la sfida fosse ardua, abbiamo voluto creare anche un dialogo tra i diversi generi artistici, dalla pittura del Trecento e all'arte moderna di Picasso.

MT Picasso ritorna nella **sala 6** con il suo *Arlequin assis* in dialogo con le vedute veneziane di Pietro Longhi. Mettere a confronto queste opere può sembrare semplice, ma in realtà si palesa un significato più profondo. In questa sala ci accostiamo alla cosiddetta "pittura di genere" che racconta la quotidianità, abbandonando la storia antica, il mito, l'allegoria e la rappresentazione di carattere religioso

SALA 3
ROOM 3

GME On a completely different theme, we have in **room 3** the pairing of Picasso's *Fruit-Bowl with Pears and Apples* and Van Verendael's *Allegory of the Vanity of Life*. The main wall in this room showcases what a seventeenth-century collection in Venice might have looked like. We have included everything that would have been considered indispensable in a Venetian picture gallery in that era, including artistic genres such as still life. Here, we had originally suggested a more comprehensive pairing with works from Museum Berggruen's collection, encompassing still life, landscape, and portrait genres. However, logistic constraints prevented us from realizing this vision, particularly regarding the inclusion of a landscape painting due to spatial limitations. Our approach prioritized minimizing the removal of existing works from display while carefully integrating new additions. In this instance, the densely populated wall necessitated strategic placement to accommodate the new works from Museum Berggruen's collection. Despite these challenges, our goal remained to foster a dialogue between different artistic genres, spanning from fourteenth-century painting to Picasso's modern art.

MT: In **room 6**, *The Seated Harlequin* by Picasso is paired with Venetian views by Pietro Longhi. While it may appear straightforward to draw comparisons between these works, there exists a deeper significance. This room displays what is known as "genre painting," which portrays everyday life, departing from ancient history, myth, allegory, and religious subjects to immerse viewers in the contemporary world and the relevance of daily existence. Pietro Longhi epitomizes seventeenth-century Venetian painting, capturing the airy and joyful narrative of Venetian society akin to the comedies of Goldoni.

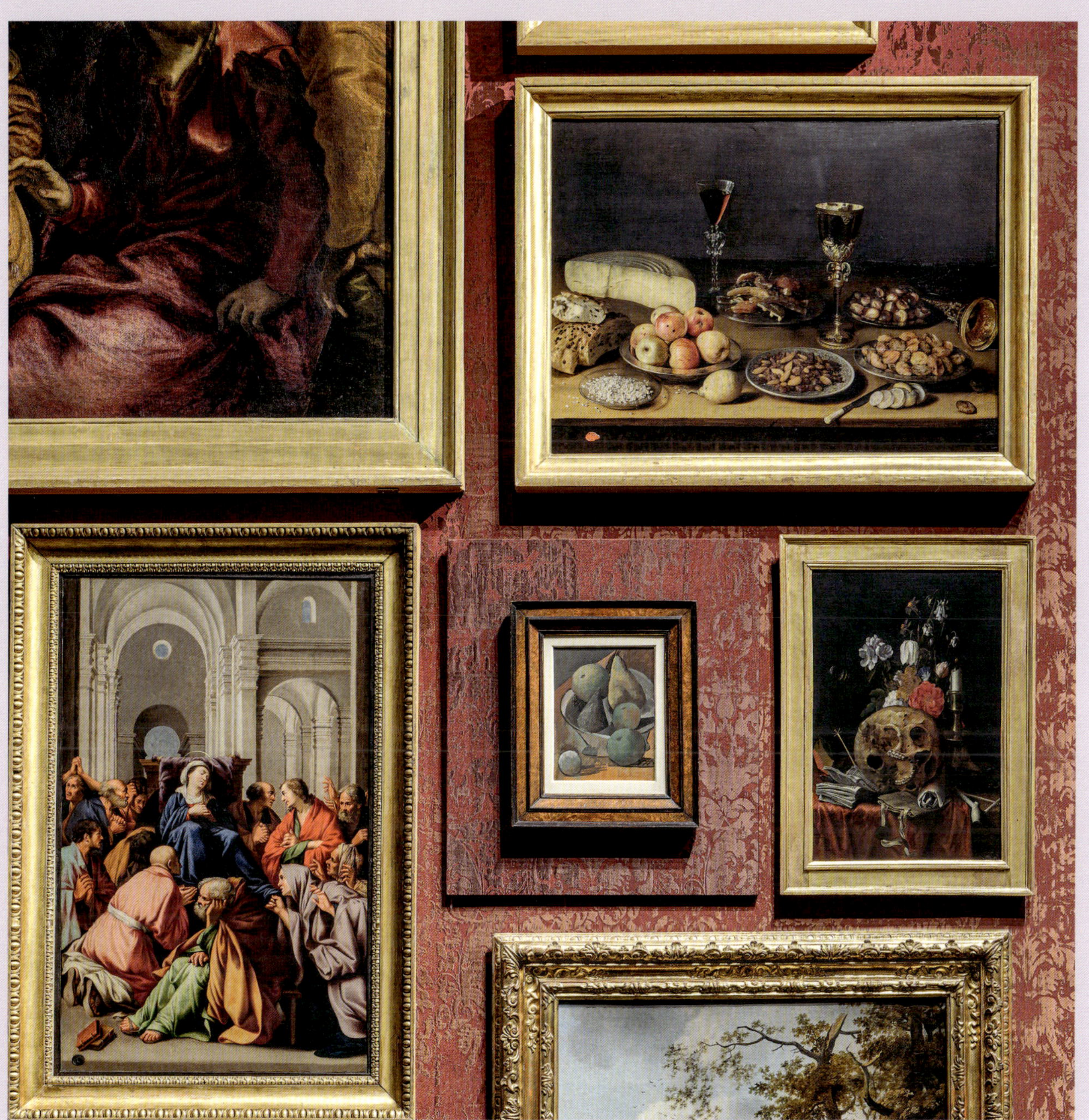

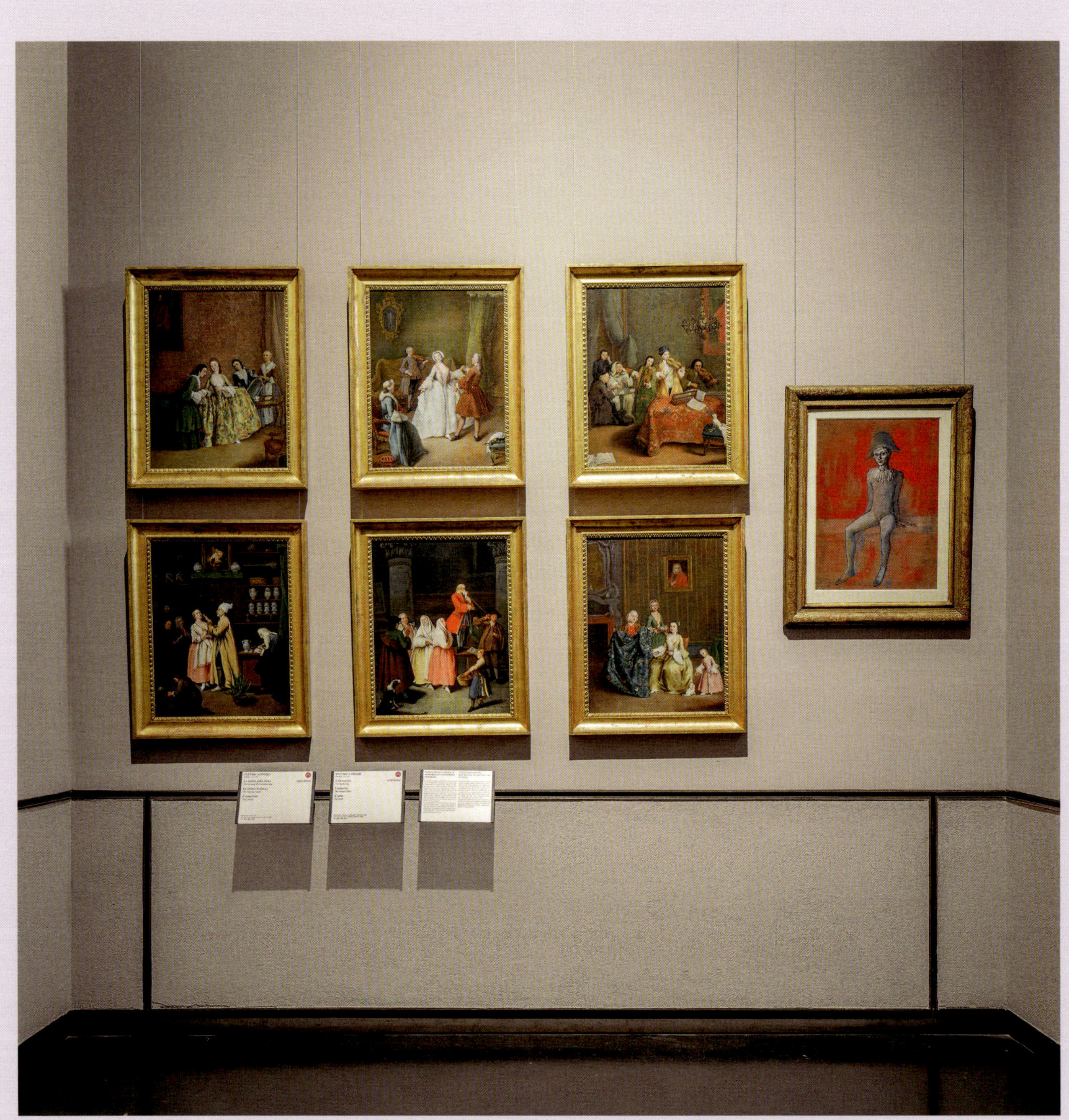

per entrare a piè pari nella contemporaneità dell'artista e nell'attualità della vita quotidiana. Pietro Longhi è l'autore per eccellenza della pittura di genere veneziana del Settecento. È difficile invece pensare a Picasso in questi termini, eppure nel primo lustro del Novecento, durante il quale si susseguono quelli che convenzionalmente identifichiamo come i periodi blu e rosa, il pittore ha saputo raccontare in maniera tanto originale quanto potente la vita bohémien della Parigi di inizio Novecento. E se in Pietro Longhi troviamo una narrazione ariosa e gioiosa della società veneziana del Settecento, la stessa che viene rappresentata nelle commedie di Goldoni, in Picasso è palpabile il dramma della povertà, della fatica di vivere delle classi meno abbienti.

GME Il tema centrale è la "messa in scena"; Longhi illustra la quotidianità teatralizzando la vita veneziana. E in fondo, è teatro anche quello dell'Arlecchino di Picasso. Arlecchino è un personaggio delle Commedia dell'arte italiana, quindi rientra perfettamente in questo contesto. Anzi, è una maschera di origine bergamasca, che a tutti gli effetti è stata adottata dalla Commedia dell'arte veneziana. I nostri dialoghi sono molteplici, seguono strade diverse, senza includerle tutte.

VR Arlecchino e il mondo circense sono soggetti che Picasso ha ripreso più volte nel corso della vita. Predominante in questo accostamento è la questione della posizione. L'*Arlecchino seduto* non ci fornisce informazioni sull'ambiente circostante o sul luogo in cui si trova. C'è un suggestivo sfondo rossastro, ma nessuna indicazione sul contesto spaziale. Nel caso di Longhi riusciamo invece a capire dove sono collocate le figure. Anche a livello più

Conversely, Picasso's early works from the blue and rose periods depict the bohemian life of Paris in the early twentieth century with a raw and original perspective, embodying the drama of poverty and the struggles of the less privileged.

GME The pivotal theme here is "staging." Longhi portrays the dramatization of everyday Venetian life, and Picasso's *Harlequin* evokes a theatrical atmosphere. Harlequin, a character of the Venetian commedia dell'arte, serves as a fitting symbol in this context. He embodies the essence of theater and masks, originating from Bergamo but adopted into Venetian culture. This illustrates how our dialogues unfold in various tangents, exploring diverse pathways that may not encompass all possibilities.

VR The recurring motifs of the harlequin and the circus were subjects that Picasso revisited throughout his lifetime. What is striking in this pairing is the aspect of positioning. In Picasso's *The Seated Harlequin*, we don't get much information about the subject's surroundings or where he is actually located. There is only a striking reddish background, leaving little indication of the harlequin's spatial context. In Longhi's case, we can grasp where these figures are positioned. Even on a more abstract level, and knowing of Picasso's interest in harlequins and the circus—Michele has mentioned the bohemian lifestyle of Paris—the question is: who was this harlequin? What role did he occupy within early twentieth-century Parisian society? Undoubtedly, he represented a figure outside the realms of wealth and fame during his time.

SALA 13
ROOM 13

alle pagine seguenti SALA VII
following pages ROOM VII

astratto, conoscendo l'interesse di Picasso per gli arlecchini e il circo – Michele ha citato lo stile di vita bohémienne di Parigi – ci si domanda: chi è questo Arlecchino? Che posizione occupava nella società parigina agli inizi del XX secolo? Di sicuro non era una persona ricca, né famosa all'epoca.

GME Ci siamo soffermati e abbiamo riflettuto a lungo anche sulla scultura. Abbiamo pensato a Alberto Giacometti, ponendolo, nello specifico, a confronto con il principale scultore delle Gallerie, Antonio Canova le cui opere sono collocate nel Tablino. Alla base della scala di Palladio è esposta *Femme de Venise IV* del 1956 (**sala 13**). Il dialogo si instaura tra due dei maggiori scultori dell'inizio dell'Ottocento e del Novecento. Il raffronto più interessante, e di nuovo in contrasto, è la consistenza materica: la superficie ruvida, granulosa di *Femme de Venise IV* si contrappone ai gessi estremamente levigati di Canova, lavorati fino a raggiungere la perfezione.

GM La **sala VII** presenta molte opere: *Les Baigneuses* di Pablo Picasso, *Verve IV* di Henri Matisse, *Jeune filles aux cheveux dénoués* di Paul Cézanne e *Rot-Stufung* di Paul Klee, insieme alle *Quattro visioni dell'Aldilà* di Jheronymus Bosch che, pur non essendo intrinsecamente veneziana, è una delle opere chiave delle Gallerie con una complessa provenienza, proprio come le opere del Museum Berggruen. Sono particolarmente affezionato a questo dialogo per varie ragioni. Innanzitutto per l'iconicità dei dipinti di Bosch, che incarnano i suoi straordinari personaggi immaginari, mostrando un'umanità perseguitata e torturata da demoni mostruosi ed elementi che fungono da nemesi religiosa. Le quattro opere proposte in accostamento a ciascun pannello di Bosch sono rappresentative

GME We also spent a long time talking and thinking about sculpture. We thought about Giacometti, particularly in juxtaposition with our main sculptor here at the Gallerie, Canova in the Tablino. At the bottom of the Palladio's staircase, we have *Woman of Venice IV* (**room 13**). This pairing represents a dialogue between two great sculptors of their respective centuries. One particularly interesting aspect of this dialogue is the contrast in texture: the rough, rugged surface of *Woman of Venice IV* juxtaposed with the smooth, refined plaster sculpture by Canova. We know that Canova dedicated himself to challenging the limits of smoothness, thus sparking an intriguing juxtaposition between the two sculptors' approaches.

GM **Room VII** is another quite busy room because we have Picasso's *The Bathers*, Matisse's *Verve IV*, Cézanne's *Young Girl With Loose Hair*, and Klee's *Red-Gradation,* alongside Bosch's *Visions of the Hereafter*, which, while not inherently Venetian, is one of the key works of the Gallerie that has an incredible provenance story, just like Museum Berggruen's works in a way. I am particularly fond of this dialogue for many reasons. The iconicity of the Bosch paintings is undeniable; his works epitomize radical subject inventions, portraying humanity haunted and tortured by monstrous demons and devices that act as religious nemesis. The four works we paired with each of the four Bosch panels are by painters or draftsmen from our collection. Giacometti, of course, also made drawings and paintings, but our collection only features his sculptures. The four selected works from Museum Berggruen represent the essence of the collection, featuring paintings and drawings.

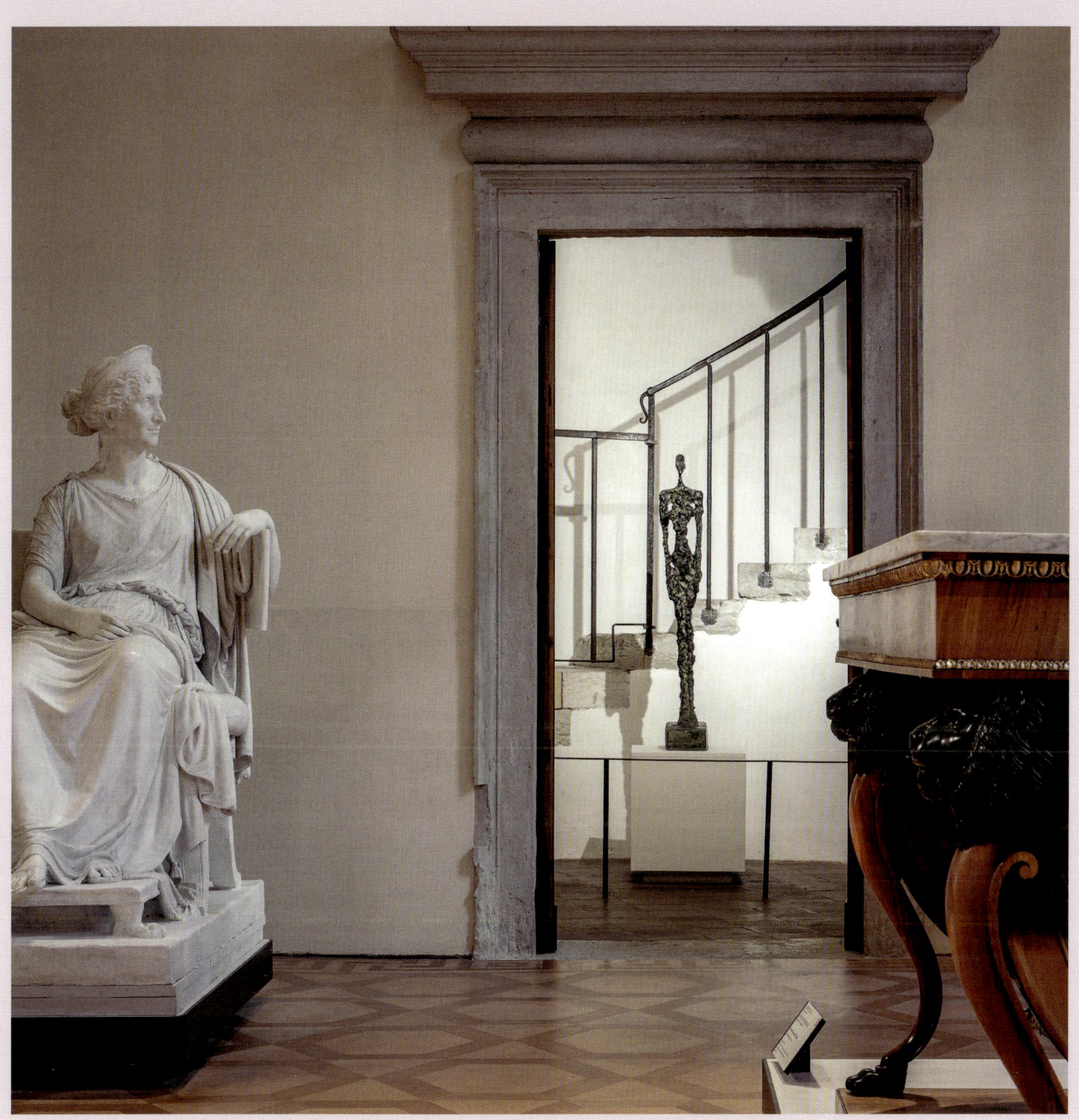

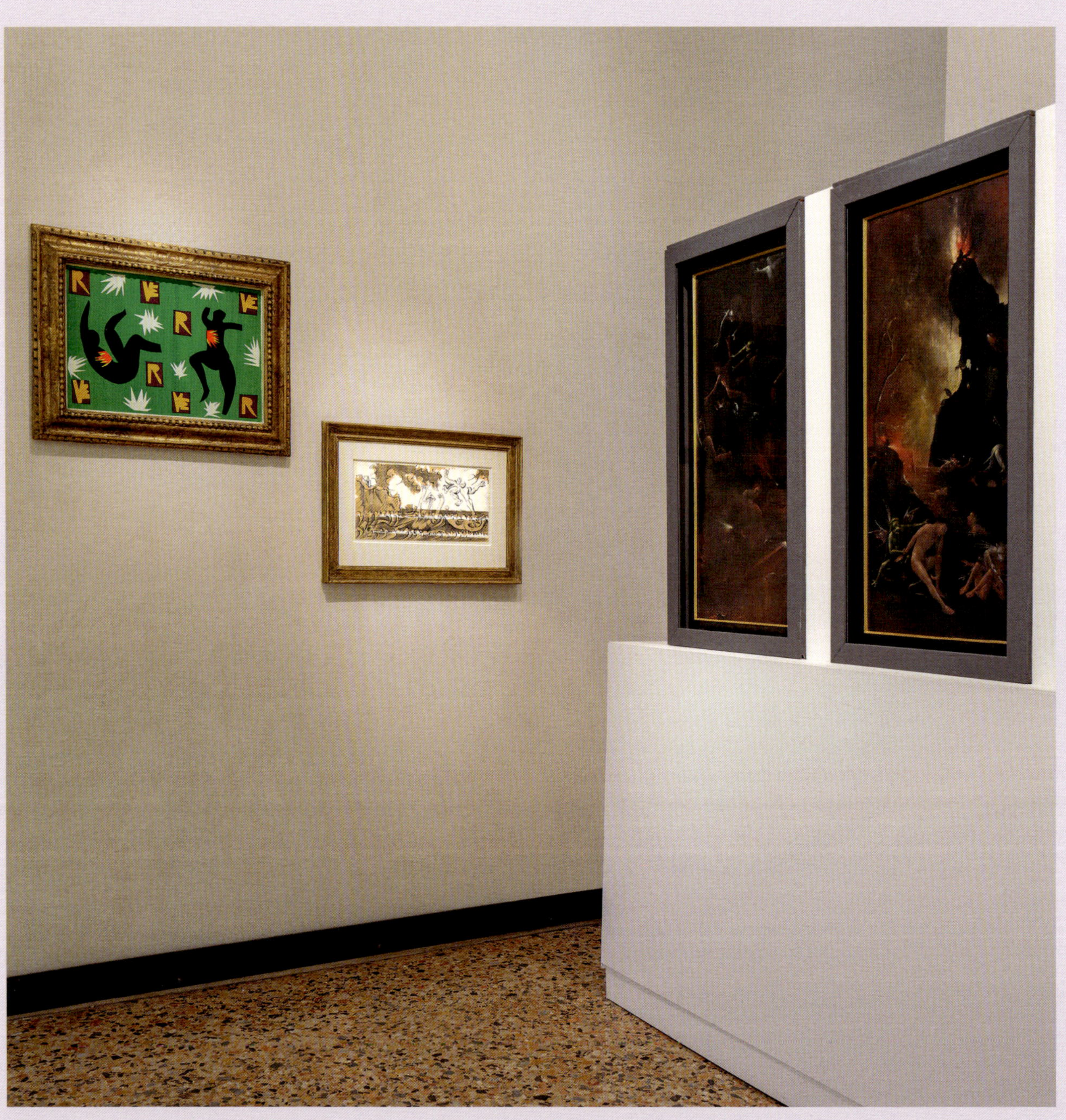

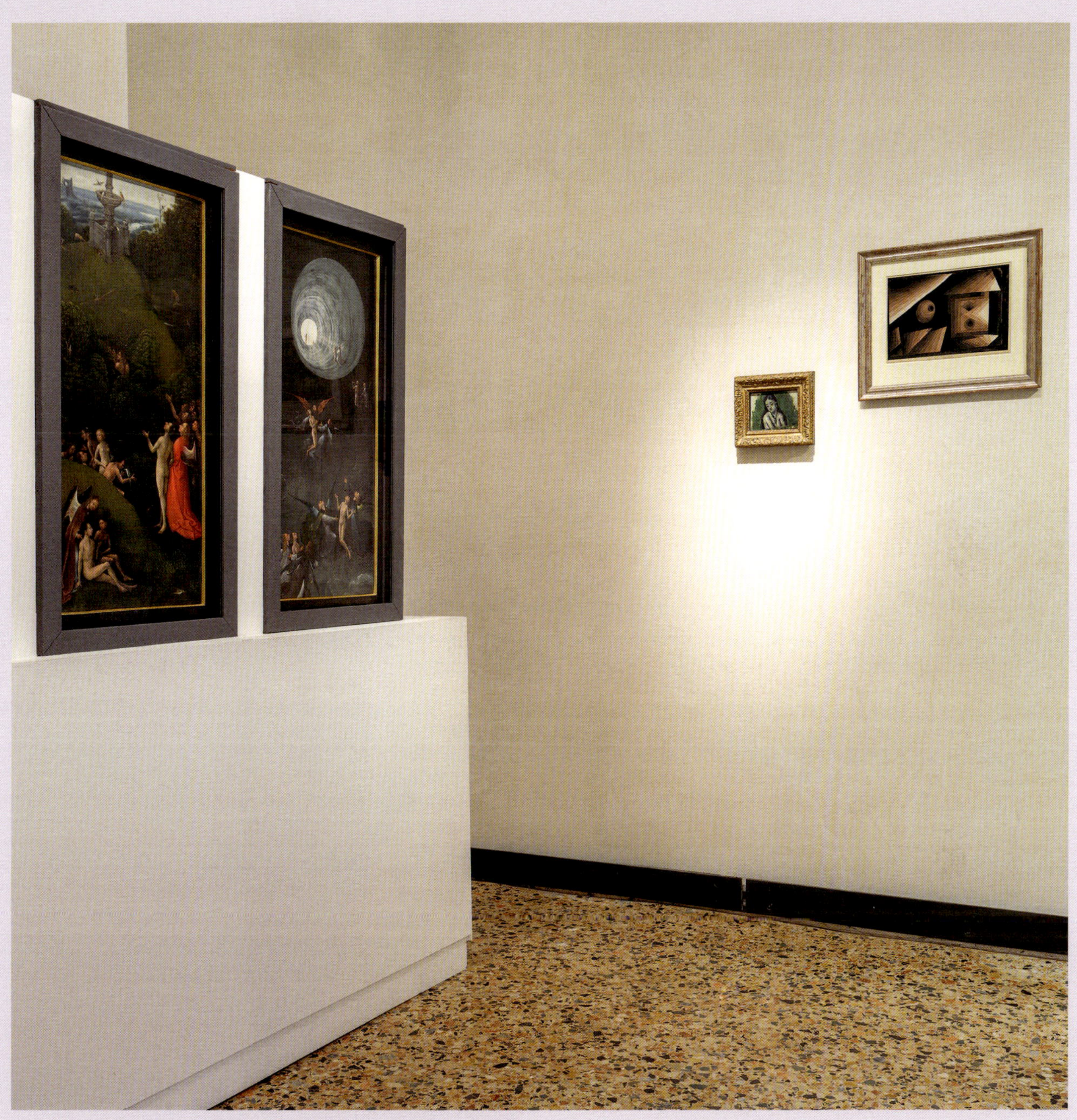

di quattro pittori o disegnatori della nostra collezione. Naturalmente anche Giacometti ha prodotto disegni e dipinti, ma nella collezione del Museum Berggruen è presente solo con le sue sculture. I quattro artisti scelti sono i nuclei centrali della nostra collezione, con dipinti e disegni.

I quattro pannelli di Bosch raffigurano le *Visioni dell'Aldilà* e approfondiscono le questioni esistenziali legate alla vita dopo la morte. Illustrano il patimento dell'Inferno e la serenità del Paradiso, nel giardino dell'Eden. Secondo il credo cristiano dell'epoca, erano le scelte compiute in vita a condurre verso l'uno o l'altro. Il vero soggetto dell'opera di Bosch, quindi, è la scelta, così come il cardine della mostra sono state le decisioni curatoriali che abbiamo preso.

Ogni abbinamento crea una connessione con l'opera di Bosch. In *Verve IV* di Matisse vediamo figure sospese che cadono, i corpi squarciati da fiamme ardenti, connesse al pannello con la discesa agli Inferi. *Les Baigneuses* di Picasso dialogano con il pannello dell'Inferno, dove esseri umani e creature antropomorfe nuotano o annegano con le mani protese verso l'alto; in entrambe le opere, sullo sfondo appare una ripida scogliera. Il bozzetto di Cézanne, per una composizione più ampia di bagnanti, presenta un ritratto femminile su uno sfondo verde, cromaticamente simile allo sfondo vegetale su cui si staglia la coppia al centro del pannello in cui Bosch raffigura il giardino dell'Eden. L'ultimo accostamento, è molto interessante perché coinvolge un dipinto astratto del periodo Bauhaus di Klee, durante il quale l'artista era concentrato sullo studio coloristico e formale. Qui troviamo forme rotonde a cerchi concentrici, leggermente decentrati a sinistra, che visivamente corrispondono in maniera sorprendente al tunnel pervaso di luce soprannaturale

The four Bosch panels depict *Visions of the Hereafter* and delve into existential questions surrounding life after death. According to the Christian belief at the time whether one ends up in heaven or hell depends on the choices that you make in life. And so, the real subject of the Bosch's painting is choices. Similarly, our curatorial decisions in pairing artworks reflect choices, much like those depicted by Bosch. The metaphor extends to our project as a whole, encapsulating our endeavors and decision-making processes.

Each pairing was thoughtfully selected to create meaningful connections between the artworks. In Matisse's *Verve IV*, we see falling figures with fiery flames coming out of the bodies, mirroring the imagery in Bosch's panel depicting the descent into hell. Picasso's *The Bathers* is in dialogue with Bosch's panel representing hell, in which humans or anthropomorphic creatures are swimming or drowning with their hands stretched out upward, and there is a sharp cliff in the background of both works. Cézanne's *bozzetto* for a much larger composition of bathers features a solitary female portrait surrounded by green, reminiscent of the central couple surrounded by bushes in Bosch's Garden of Eden panel. And then, in the final work by Klee, an abstract painting from his Bauhaus years that demonstrates his interest in colors and shapes, we find these round forms of concentric, off-center circles slightly to the left of the middle that visually corresponds quite astonishingly to the tunnel with some supernatural light at the end of Bosch's panel. Bosch exhibited an exceptionally imaginative and fantastical vision, evident in the myriad inventions showcased throughout his oeuvre. In this particular work, we must consider:

nel quarto pannello di Bosch, il Purgatorio. L'artista fiammingo era dotato di creatività e immaginazione estreme, evidenti nelle molte invenzioni introdotte anche in altre sue opere. In quest'opera in particolare, ci dovremmo chiedere: come si può rappresentare la transizione in sé? Si tratta di qualcosa di astratto, i testi sacri ne accennano soltanto e nessuno conosceva con certezza ogni singolo passo del viaggio. È davvero sorprendente che Bosch abbia utilizzato l'idea del tunnel, attraverso il quale i giusti sono scortati dagli angeli verso una luce luminosissima e brillante sullo sfondo, simbolo del divino, al di là della comprensione umana. Il "tunnel" di Klee, al contrario, conduce verso il buio, verso l'oscurità. La rappresentazione di Klee non si riferisce alla transizione delle anime o dei defunti cristiani, bensì al suo interesse verso l'articolazione delle gradazioni di colore. Nella collezione del Museum Berggruen è presente un altro dipinto di Klee risalente allo stesso periodo, con simili caratteristiche di dimensioni e colori, intitolato *Schleusen*, che si riferisce a una transizione tra livelli d'acqua. L'idea di transizione, dunque, è presente anche in Klee, sebbene in modo molto diverso rispetto a Bosch. Questi abbinamenti illustrano lo spirito del nostro progetto, che mira a creare dialoghi tra le opere d'arte delle nostre collezioni, mettendo in luce le loro "affinità elettive", così, correttamente definite da Giulio all'inizio del progetto.

VR Il concetto dialogico degli abbinamenti alle Gallerie dell'Accademia si riflette anche nelle due sedi della mostra. La seconda sede è la Casa dei Tre Oci, dove ventisei opere appartenenti alla collezione del Museum Berggruen dialogano con quattro opere delle Gallerie. Il punto di partenza curatoriale si è concentrato sulla loro materialità: tutte sono opere su carta. Le quattro

how does one illustrate the transition itself? It assumes an abstract quality, as the holy texts say very little about it, and no one knew for sure every single step of the complete journey. I think it is striking that Bosch used this idea of a tunnel—through which the righteous ones are escorted by angels, where at the end, you just see a brilliant and radiant light—as a symbol of the divine, beyond human comprehension. Conversely, Klee's tunnel, if you want to call it that, leads into darkness. While not intending to portray the transition of soul or deceased Christians, Klee's focus lies on the articulation of color graduations. Another work in our collection by Klee from the same period with similar characteristics, titled *Floodgates*, represents a transition between two levels of water. So, transition was on Klee's mind, too, though very differently than in Bosch. These pairings exemplify the spirit of our project, which aims to create dialogues between artworks and explore their "elective affinities," as Giulio astutely observed in the project's early stages.

VR The dialogic concept of the pairings at the Gallerie dell'Accademia is also reflected in the two venues of the exhibition. The second venue is the Casa dei Tre Oci, where twenty-six artworks from Museum Berggruen's collection are paired with four artworks from the Gallerie. The curatorial starting point focused on their materiality—all thirty are works on paper. The four rooms of the exhibition at Tre Oci are organized thematically: *Portraits*, *Interaction*, *Landscapes and Plein Air*, and *Myth and Role Play*. For example, in the section on *Portraits*, we can see Picasso's *Head of a Woman*, which

sale della mostra ai Tre Oci sono organizzate tematicamente: "Ritratti", "Interazione", "Paesaggi e *Plein air*", "Mito e giochi di ruolo". Questa suddivisione permette al visitatore di scoprire le opere seguendo un percorso individuale. Nella sezione "Ritratti" si può ammirare, ad esempio, *Tête de femme* di Picasso, realizzata dopo *Les Demoiselles d'Avignon*. Nella sala successiva, dedicata all'"Interazione", è esposta invece, tra le altre, la prima opera di Picasso acquisita da Heinz Berggruen, *Le Dormeur*, in cui si osserva la complessa relazione tra un uomo addormentato e una donna sveglia. Uno dei gioielli della sezione "Paesaggio e *Plein air*" è il *kl. Schloss gelbt/rot/braun* di Klee, suggestivo esempio dei suoi paesaggi più mitici e astratti dei primi anni venti. Infine, la sezione intitolata "Mito e giochi di ruolo" raccoglie opere raffiguranti eventi storici, ambigui personaggi teatrali e figure stereotipate in un gioco di maschere e identità, oltre a soggetti mitologici come *Jeune homme au miroir, Nu, Joueur de flûte de Pan, Enfant* di Picasso.

MT I disegni provenienti dal Gabinetto dei Disegni e delle Stampe delle Gallerie dell'Accademia, che nella Casa dei Tre Oci dialogano con i lavori dei maestri del Novecento collezionati da Heinz Berggruen, sono opere di Cesare da Sesto, Simone Cantarini, Sebastiano Ricci e Giacomo Quarenghi che ripercorrono le tematiche approfondite in ciascuna delle quattro sale. Nell'accostamento tra la *Testa di donna* di Cesare da Sesto e quella rappresentata nell'acquarello cubista del 1908 di Picasso vengono messe a confronto diversi modi di indagare i tratti fisionomici di un volto. Il tema del nudo è centrale sia nel *Gruppo di figure virili sdraiate* di Cantarini che in *Le Dormeur* di Picasso, mentre il racconto e la reinvenzione della mitologia e della classicità trovano spazio nel *Baccanale in onore di Pan* di Sebastiano Ricci e in *Jeune homme au miroir, Nu, Joueur de Flûte de Pan, Enfant* di Picasso. Infine, la *Fantasia architettonica* di Quarenghi e il *kl. Schloss gelb/rot/braun* di Klee rappresentano due diversi modi di inventare architetture fantastiche, che in entrambi i casi non trovano riscontro nella realtà.

alle pagine seguenti SALA 8
following pages ROOM 8

he created after *Les Demoiselles d'Avignon*. In the next room, dealing with *Interaction*, one can find among other works, *The Sleeper*, the first artwork by Picasso ever purchased by Heinz Berggruen, showing a complex relationship between a sleeping male and a woman awake. One of the highlights of the section on *Landscape and Plein Air* is Klee's *Little Castle Yellow/Red/Brown*, which is a poignant example of his more abstract and mythical landscapes from the early 1920s. The last section, titled *Myth and Role Play*, shows artworks depicting historical events, ambiguous theatrical characters, or stereotypical figures in a play of masks and identities, as well as mythological subjects, such as Picasso's *Young Man with Mirror, Nude, Panpipes player, Child*.

MT The drawings from the Gabinetto dei Disegni e delle Stampe of the Gallerie dell'Accademia, which dialogue in the Casa dei Tre Oci with the works of twentieth-century masters collected by Heinz Berggruen, are works by Cesare da Sesto, Simone Cantarini, Sebastiano Ricci, and Giacomo Quarenghi. They underline the themes explored in each of the four rooms. In the juxtaposition of Cesare da Sesto's *Head of a Woman* and that depicted in Picasso's 1908 cubist watercolor, different ways of investigating the physiognomic features of a face are compared. The theme of the nude is central in both Cantarini's *Group of Reclining Manly Figures* and Picasso's *The Sleeper*, while the narrative and reinvention of mythology and classicism find space in Sebastiano Ricci's *Bacchanal in Honour of Pan* and Picasso's *Young Man with Mirror, Nude, Panpipes player, Child*. Finally, Quarenghi's *Architectural Capriccio* and Klee's *Little Castle Yellow/Red/Brown* represent two different ways of inventing fantastic architecture, which in both cases are not matched by reality.

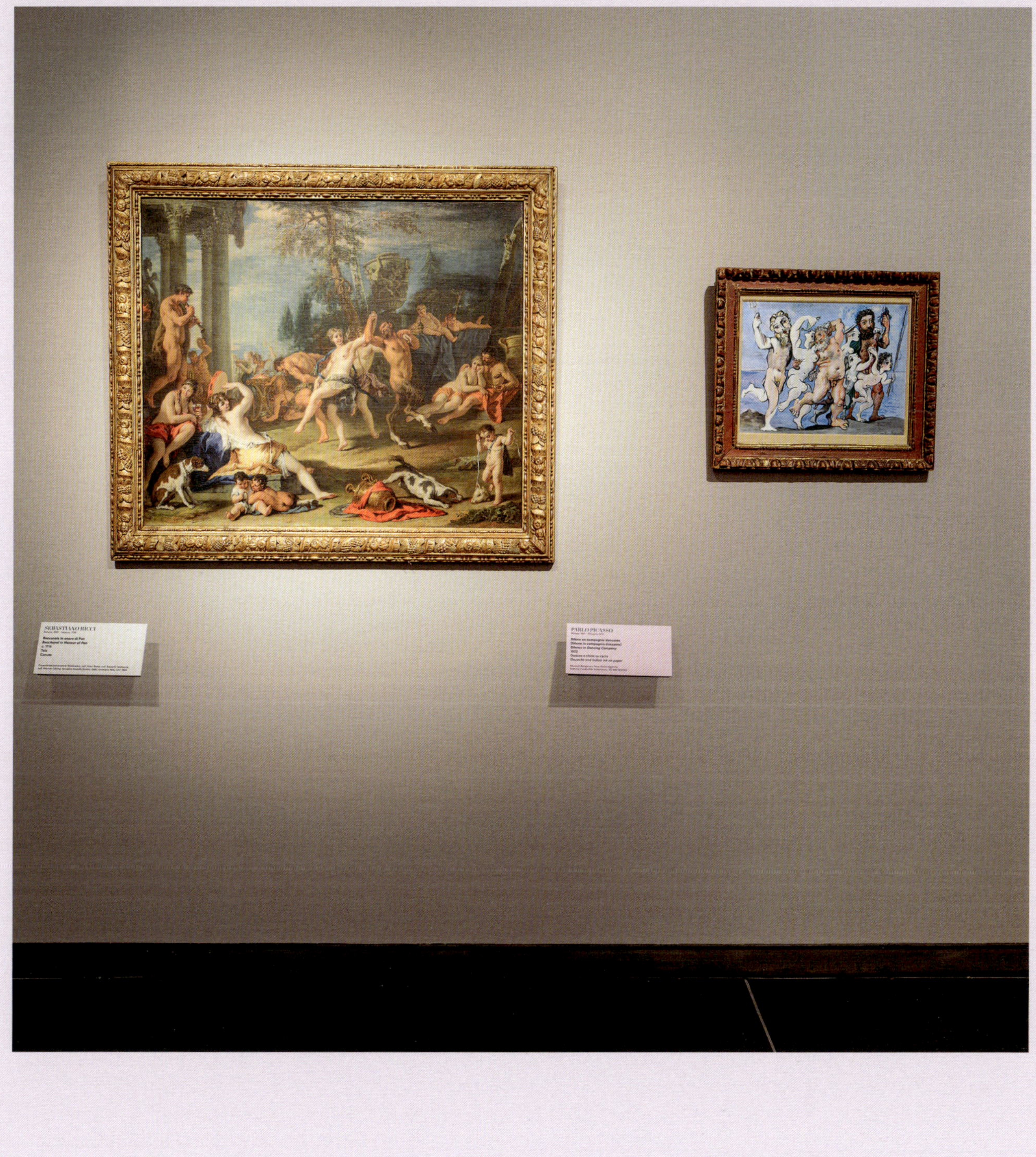
SEBASTIANO RICCI
Baccanale in onore di Pan
Bacchanal in Honour of Pan
Tela
Canvas
PABLO PICASSO
Silène en compagnie dansante
(Sileno in compagnia danzante)
Silenus in Dancing Company
Gouache and Indian ink on paper

CATALOGO DELLE OPERE

CATALOG OF ARTWORKS

GALLERIE DELL'ACCADEMIA

Paul Cézanne

Aix-en-Provence, 1839 – Aix-en-Provence, 1906

Jeune fille aux cheveux dénoués
(Ragazza con i capelli sciolti)
Young Girl with Loose Hair
ca. 1873-1874

Olio su tela / Oil on canvas
11 × 15,2 cm

Museum Berggruen, Neue Nationalgalerie,
Stiftung Preußischer Kulturbesitz,
on loan from the Berggruen family

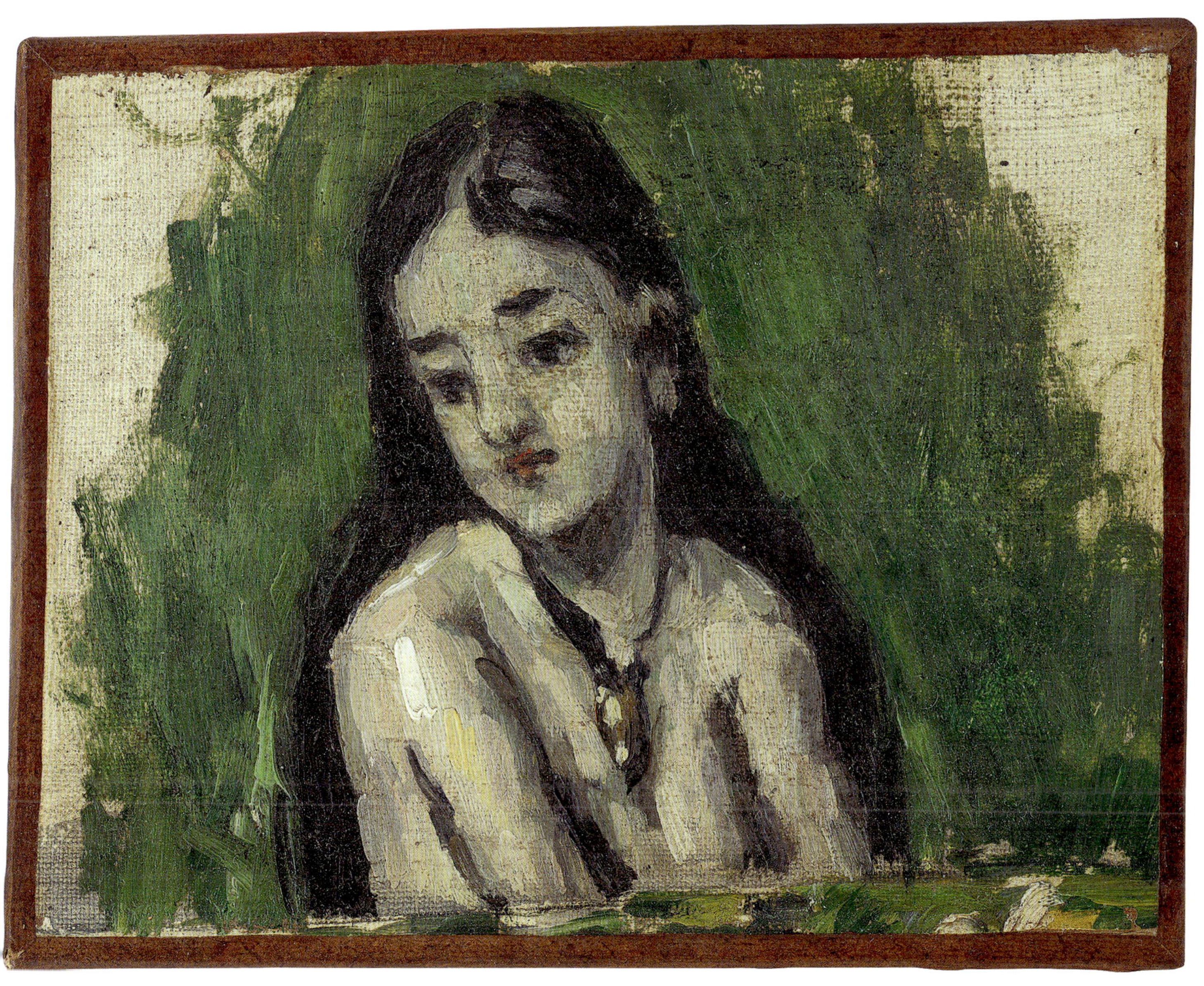

Pablo Picasso
Malaga, 1881 – Mougins, 1973

Portrait de Jaime Sabartés
(Ritratto di Jaime Sabartés)
Portrait of Jaime Sabartés
1904

Olio su tela / Oil on canvas
49,5 × 37,5 cm

Museum Berggruen, Neue Nationalgalerie,
Stiftung Preußischer Kulturbesitz, NG MB 3/2000

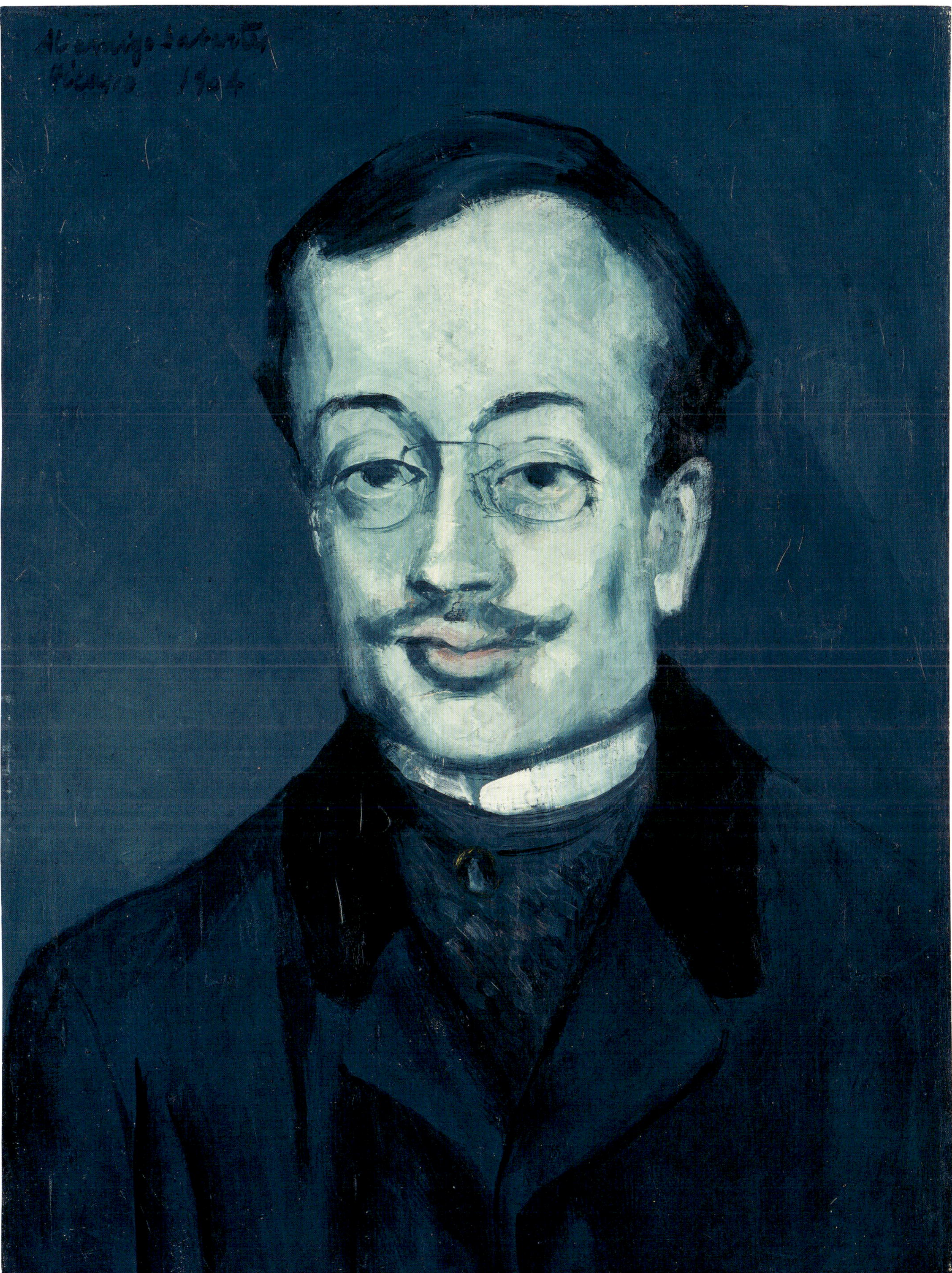

Pablo Picasso

Malaga, 1881 – Mougins, 1973

Arlequin assis
(Arlecchino seduto)
The Seated Harlequin
1905

Acquerello e inchiostro su cartone /
Watercolour and black ink on cardboard
57,2 × 41,2 cm

Museum Berggruen, Neue Nationalgalerie,
Stiftung Preußischer Kulturbesitz, NG MB 5/2000

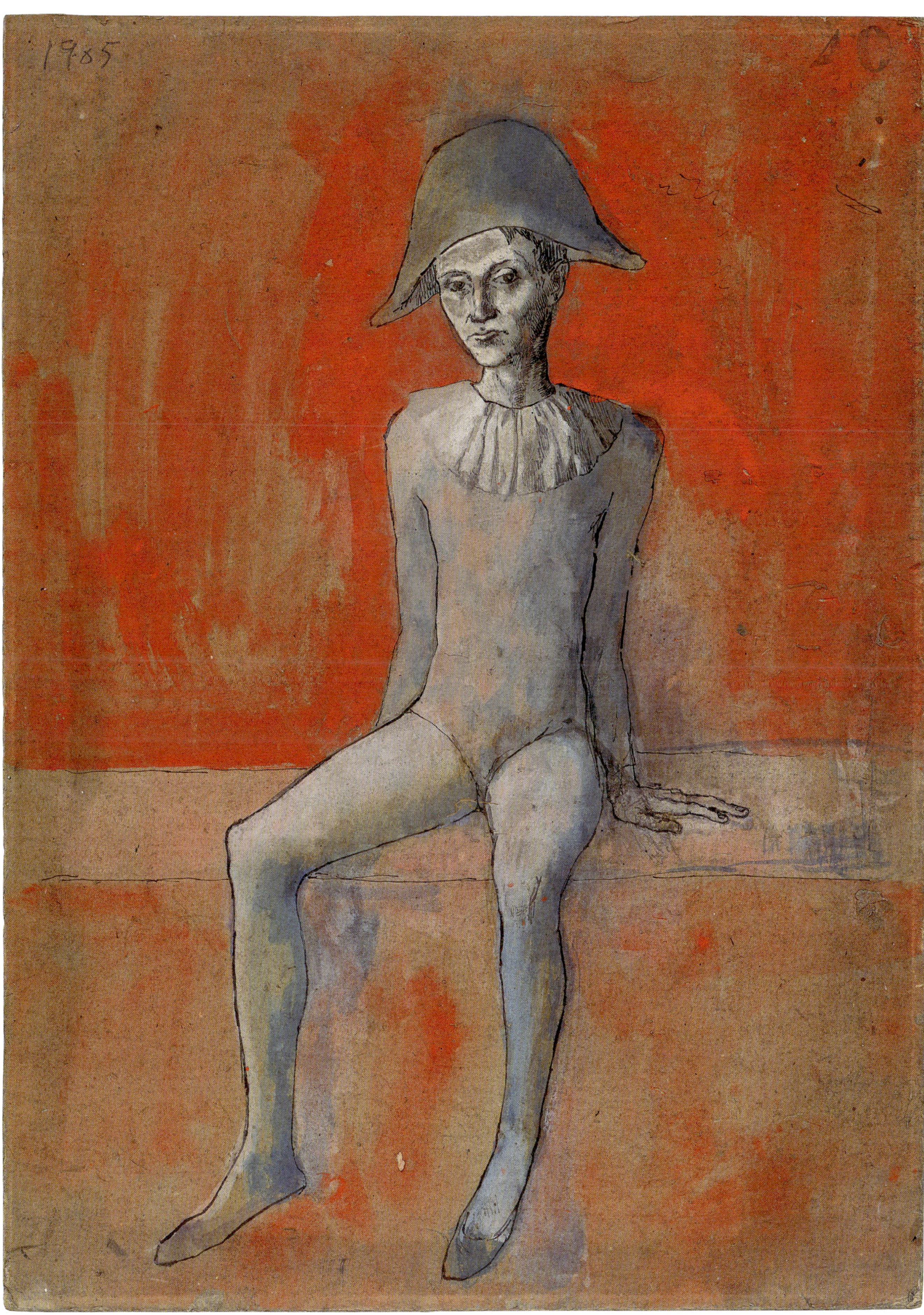

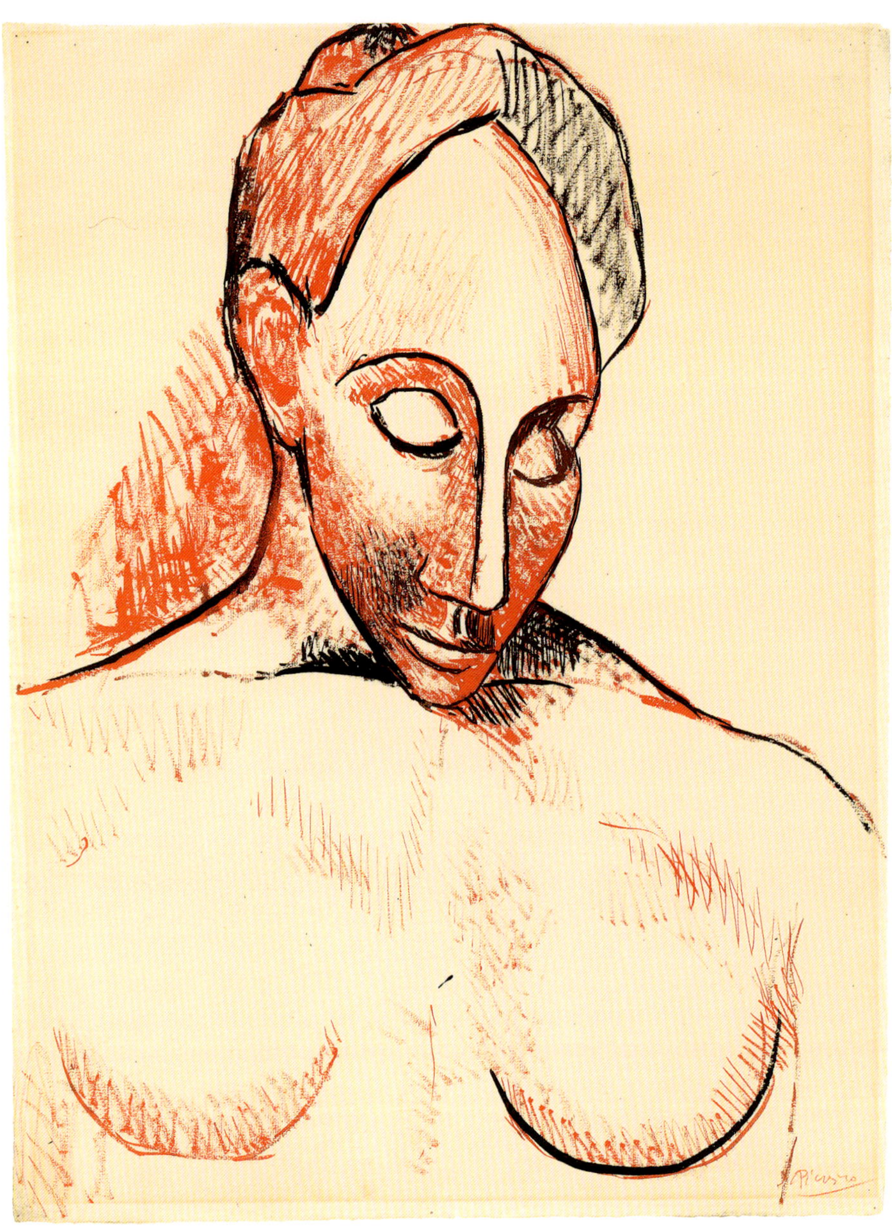

Pablo Picasso
Malaga, 1881 – Mougins, 1973

Tête de femme
(Testa di donna)
Head of a Woman
1906-1907

Tempera e inchiostro su carta /
Tempera and ink on paper
63 × 48 cm

Museum Berggruen, Neue Nationalgalerie,
Stiftung Preußischer Kulturbesitz, NG MB 11/2000

Pablo Picasso
Malaga, 1881 – Mougins, 1973

Buste de femme nue, Étude pour "Les Demoiselles d'Avignon",
(Busto di donna nuda, Studio per "Les Demoiselles d'Avignon")
Female Nude, Study for "Les Demoiselles d'Avignon"
1907

Olio su tela / Oil on canvas
81 × 60 cm

Museum Berggruen, Neue Nationalgalerie,
Stiftung Preußischer Kulturbesitz, NG MB 13/2000

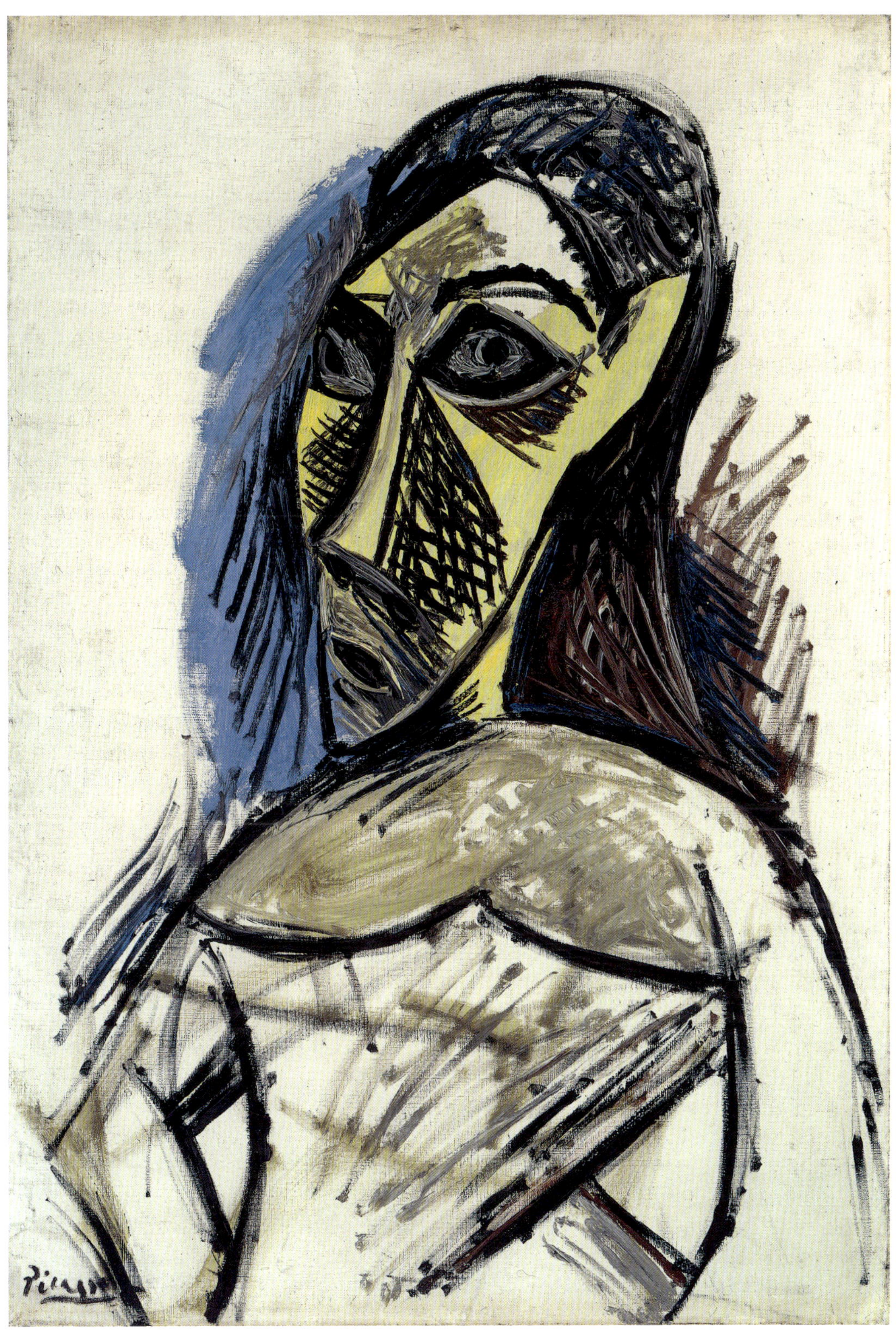

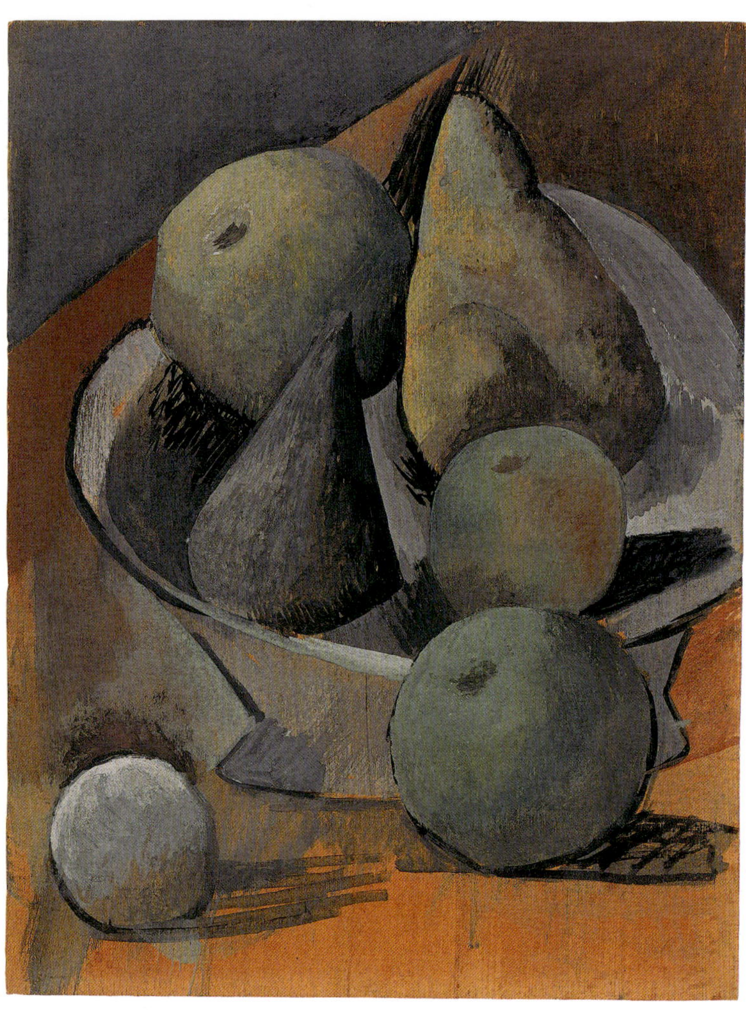

Pablo Picasso
Malaga, 1881 – Mougins, 1973

Coupe de fruits avec poires et pommes
(Fruttiera con pere e mele)
Fruit Bowl with Pears and Apples
1908

Olio su tavola / Oil on panel
27 × 21 cm

Museum Berggruen, Neue Nationalgalerie,
Stiftung Preußischer Kulturbesitz, NG MB 14/2000

Pablo Picasso
Malaga, 1881 – Mougins, 1973

Homme au chapeau / Portrait de Georges Braque
(Uomo con il cappello / Ritratto di Georges Braque)
Man in a Hat / Portrait of Georges Braque
1909-1910

Olio su tela / Oil on canvas
61 × 50 cm

Museum Berggruen, Neue Nationalgalerie,
Stiftung Preußischer Kulturbesitz, NG MB 16/2000

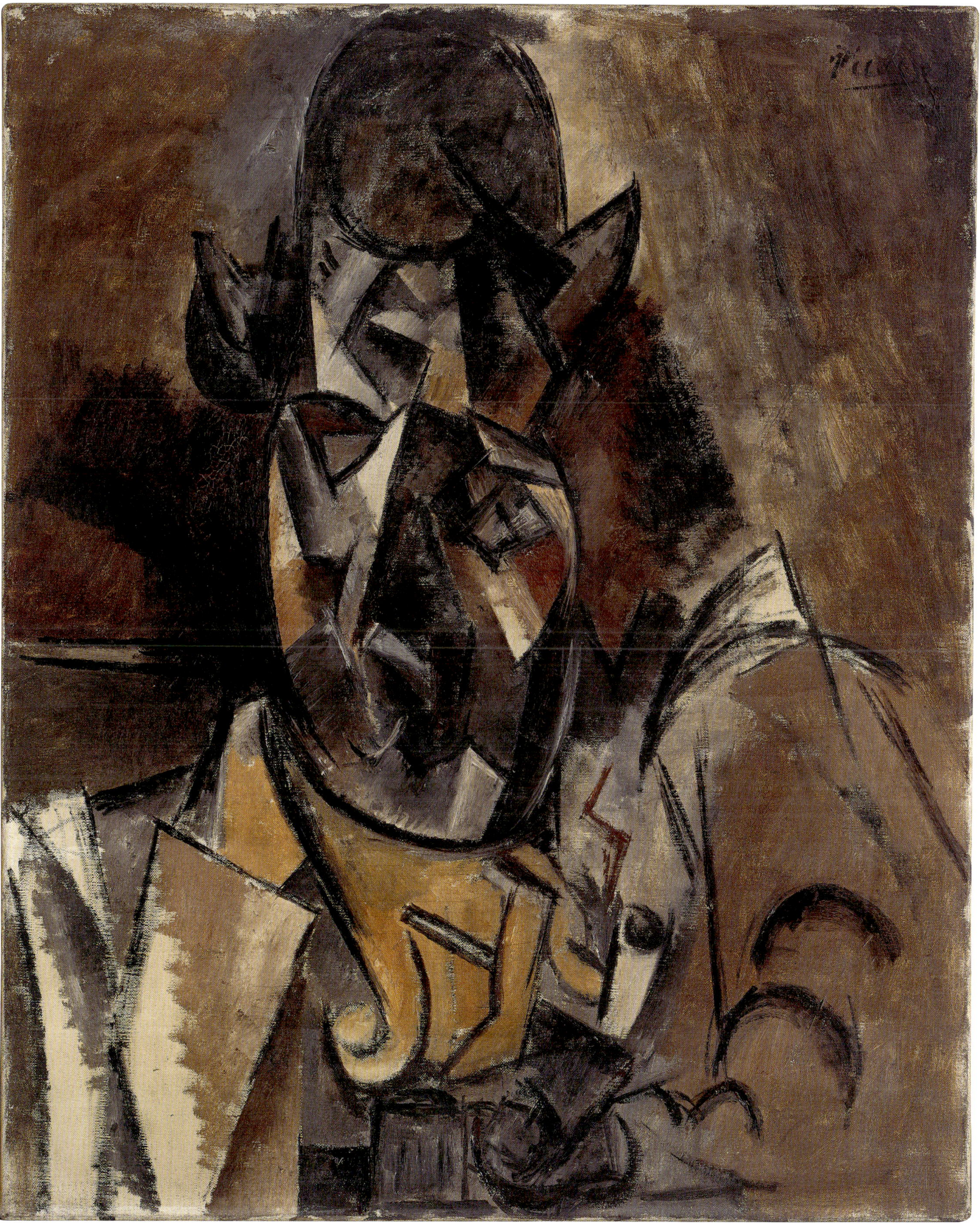

Paul Klee
Münchenbuchsee, 1879 – Muralto, 1940

Rot-Stufung
(Gradazione di rosso)
Red-Gradation
1921

Acquerello su carta su cartone, bordato a pennello e inchiostro / Watercolour on paper on cardboard, bordered in brush and ink
21 × 31,1 cm

Museum Berggruen, Neue Nationalgalerie,
Stiftung Preußischer Kulturbesitz, NG MB 114/2000

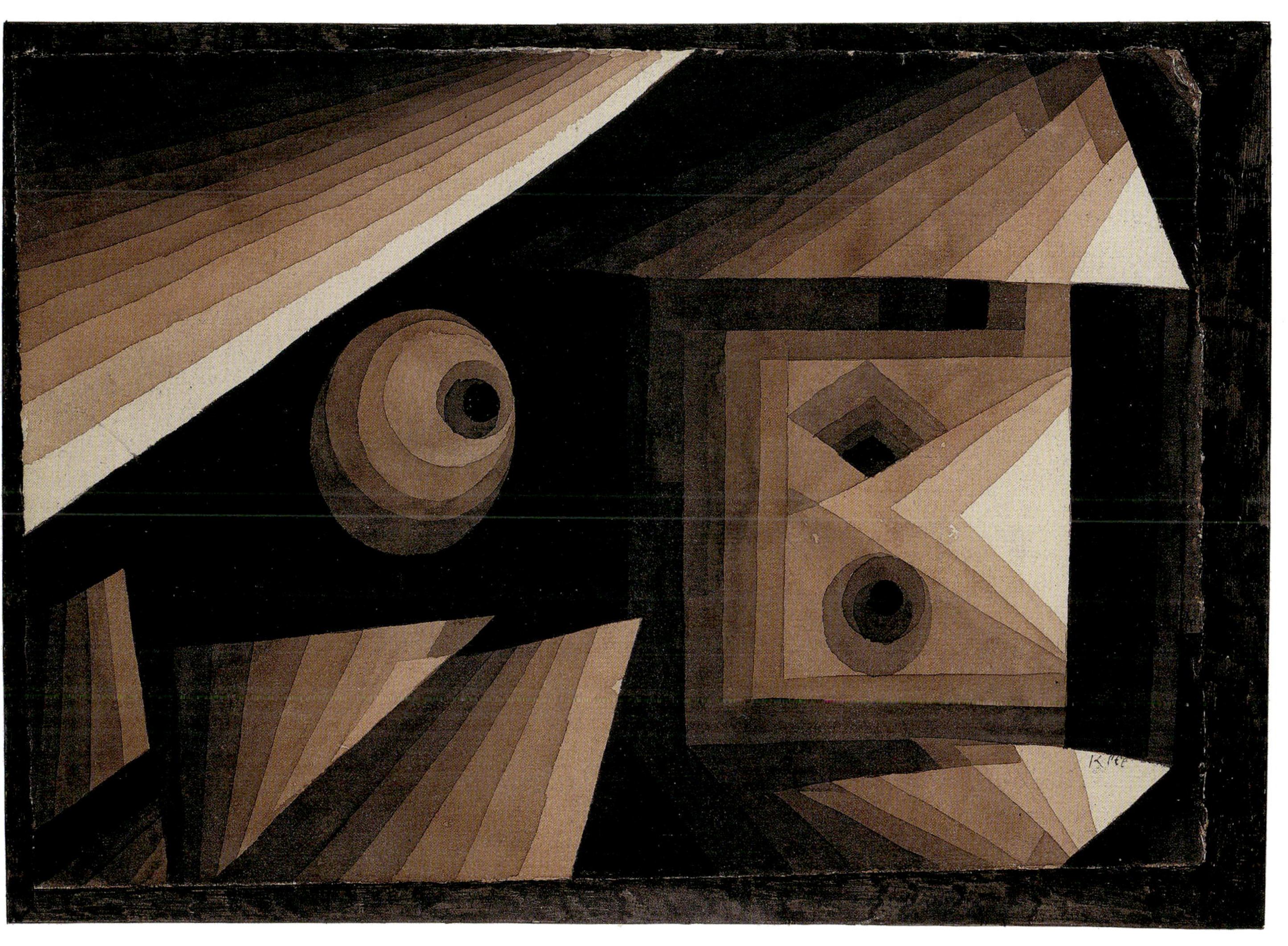

Pablo Picasso

Malaga, 1881 – Mougins, 1973

Silène en compagnie dansante
(Sileno in compagnia danzante)
Silenus in Dancing Company
1933

Gouache e china su carta /
Gouache and Indian ink on paper
34 × 45 cm

Museum Berggruen, Neue Nationalgalerie,
Stiftung Preußischer Kulturbesitz, NG MB 49/2000

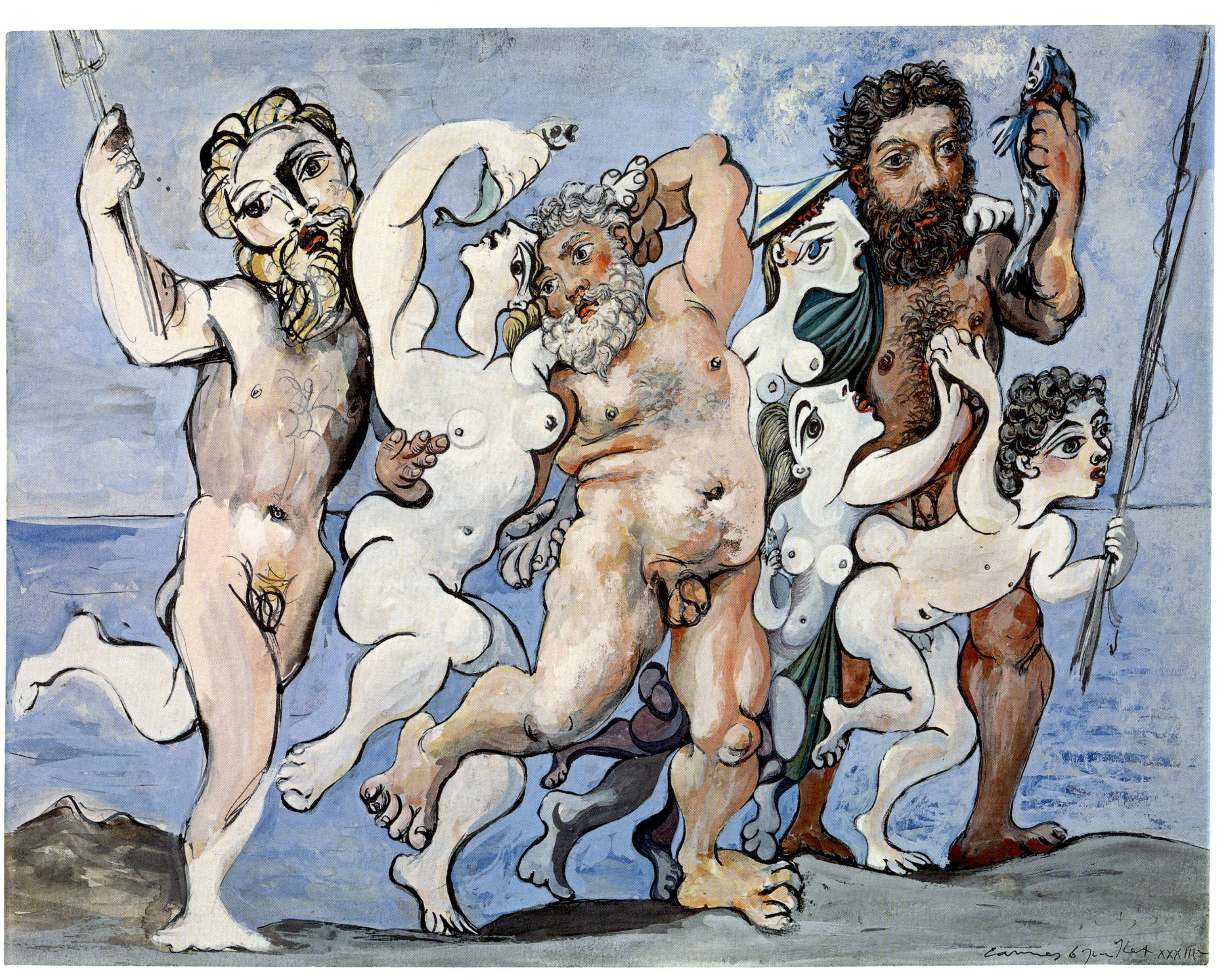

Pablo Picasso
Malaga, 1881 – Mougins, 1973

Les Baigneuses
(Le bagnanti)
The Bathers
1934

Inchiostro e grafite su carta a coste e cartone /
Ink and graphite on ribbed paper and cardboard
22,4 × 47,8 cm

Museum Berggruen, Neue Nationalgalerie,
Stiftung Preußischer Kulturbesitz, NG MB 51/2000

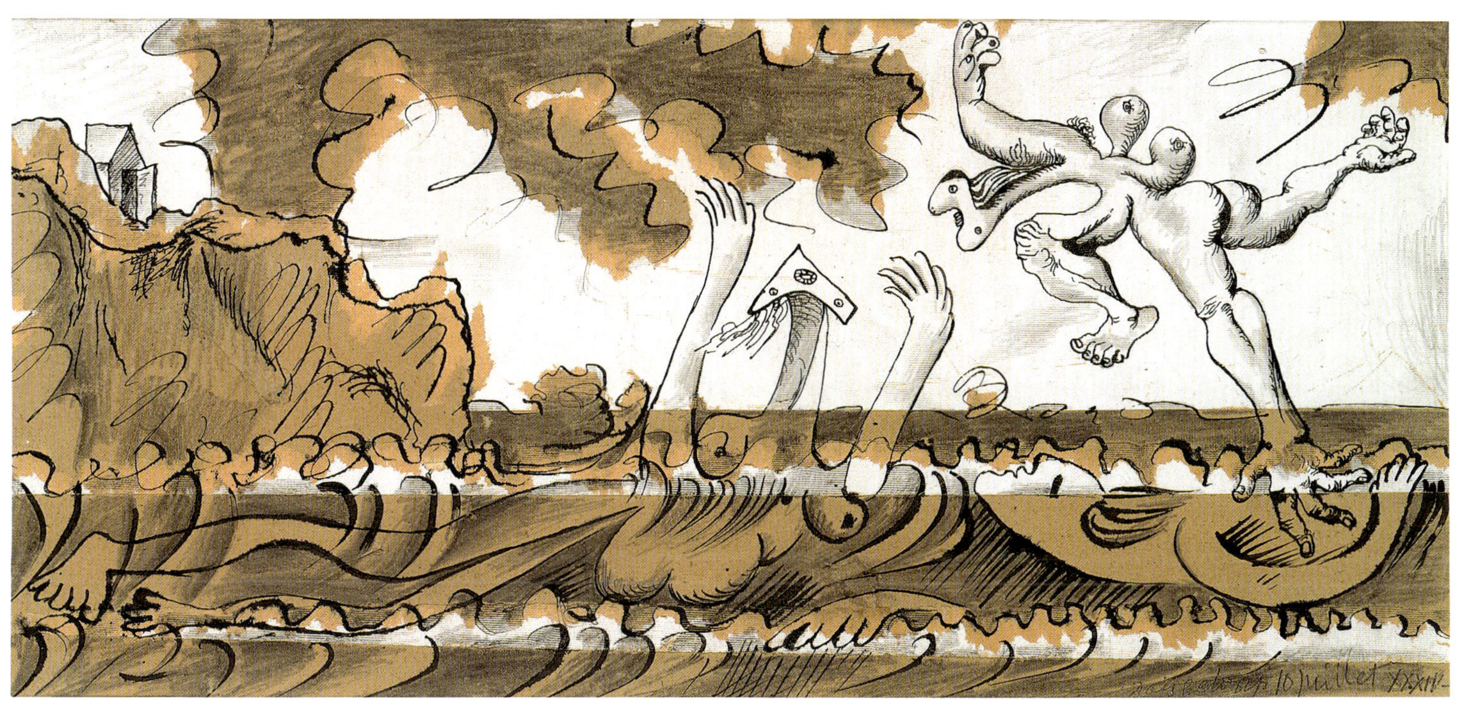

Pablo Picasso
Malaga, 1881 – Mougins, 1973

Dora Maar aux ongles verts
(Dora Maar con le unghie verdi)
Dora Maar with Green Fingernails
1936

Olio su tela / Oil on canvas
65 × 54 cm

Museum Berggruen, Neue Nationalgalerie,
Stiftung Preußischer Kulturbesitz, NG MB 53/2000

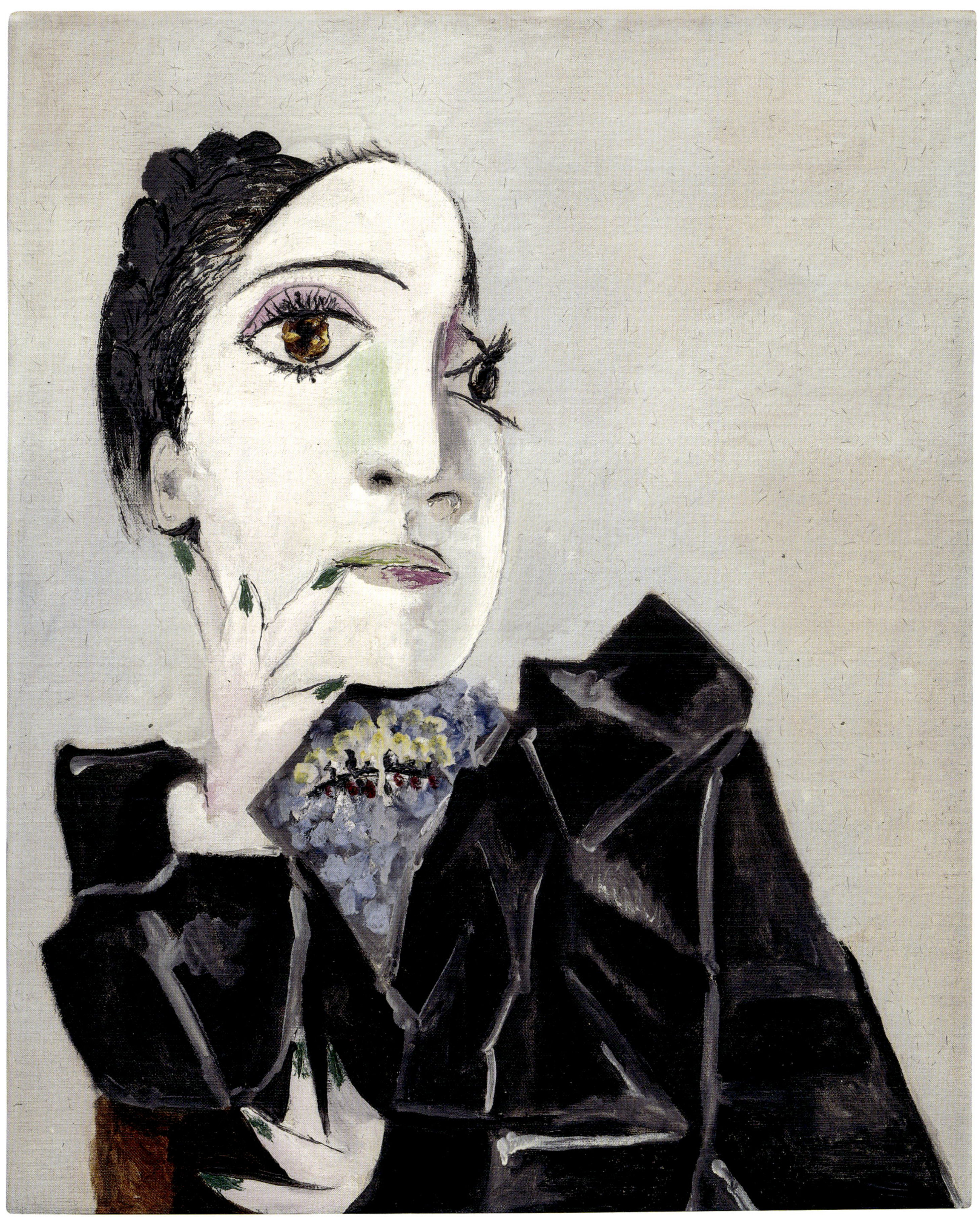

Pablo Picasso
Malaga, 1881 – Mougins, 1973

Le chandail jaune
(Il maglione giallo)
Yellow Sweater
1939

Olio su tela / Oil on canvas
81 × 65 cm

Museum Berggruen, Neue Nationalgalerie,
Stiftung Preußischer Kulturbesitz, NG MB 67/2000

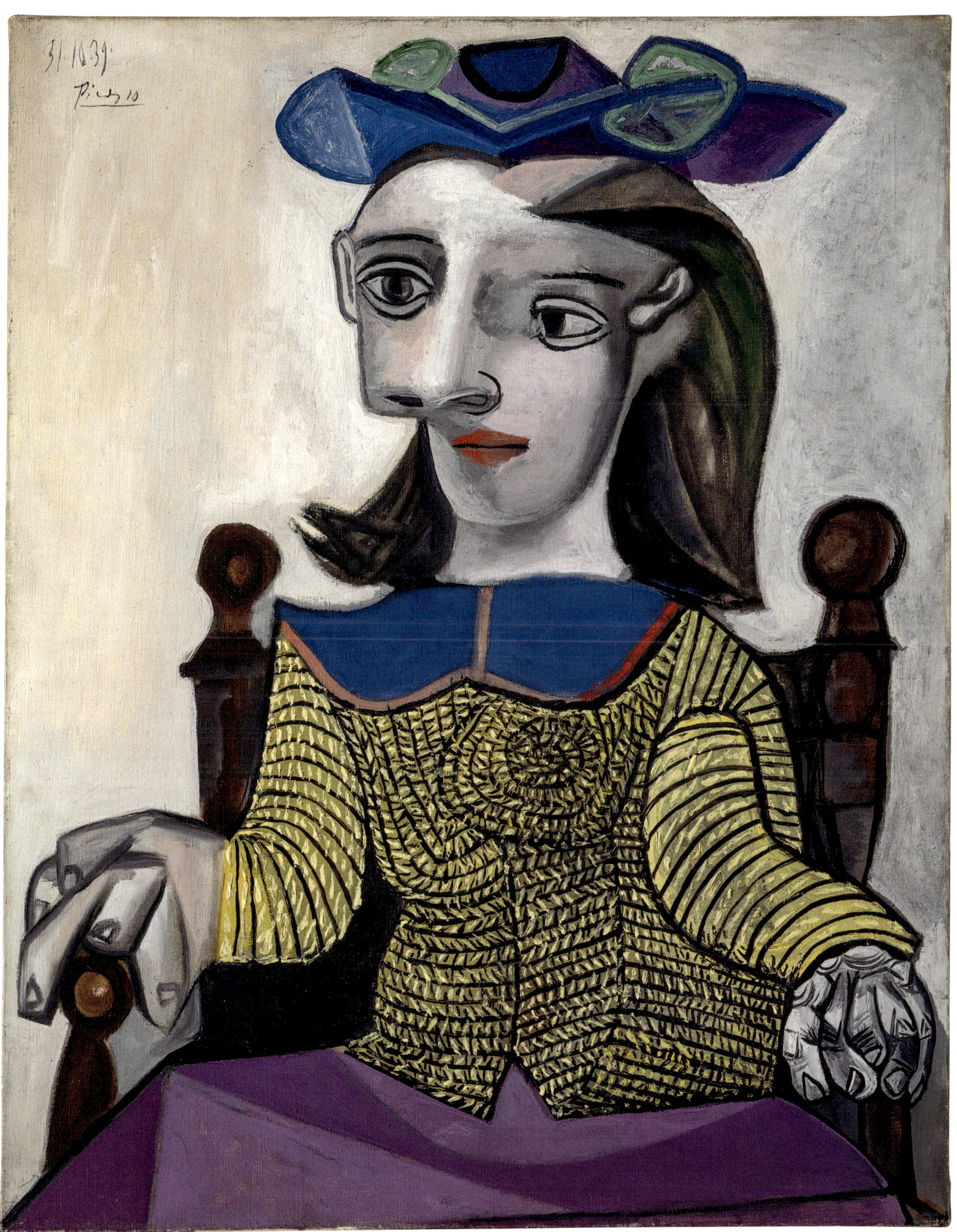

Pablo Picasso

Malaga, 1881 – Mougins, 1973

Grand nu couché
(Grande nudo dormiente)
Large Reclining Nude
1942

Olio su tela / Oil on canvas
129,5 × 195 cm

Museum Berggruen, Neue Nationalgalerie,
Stiftung Preußischer Kulturbesitz, NG MB 73/2000

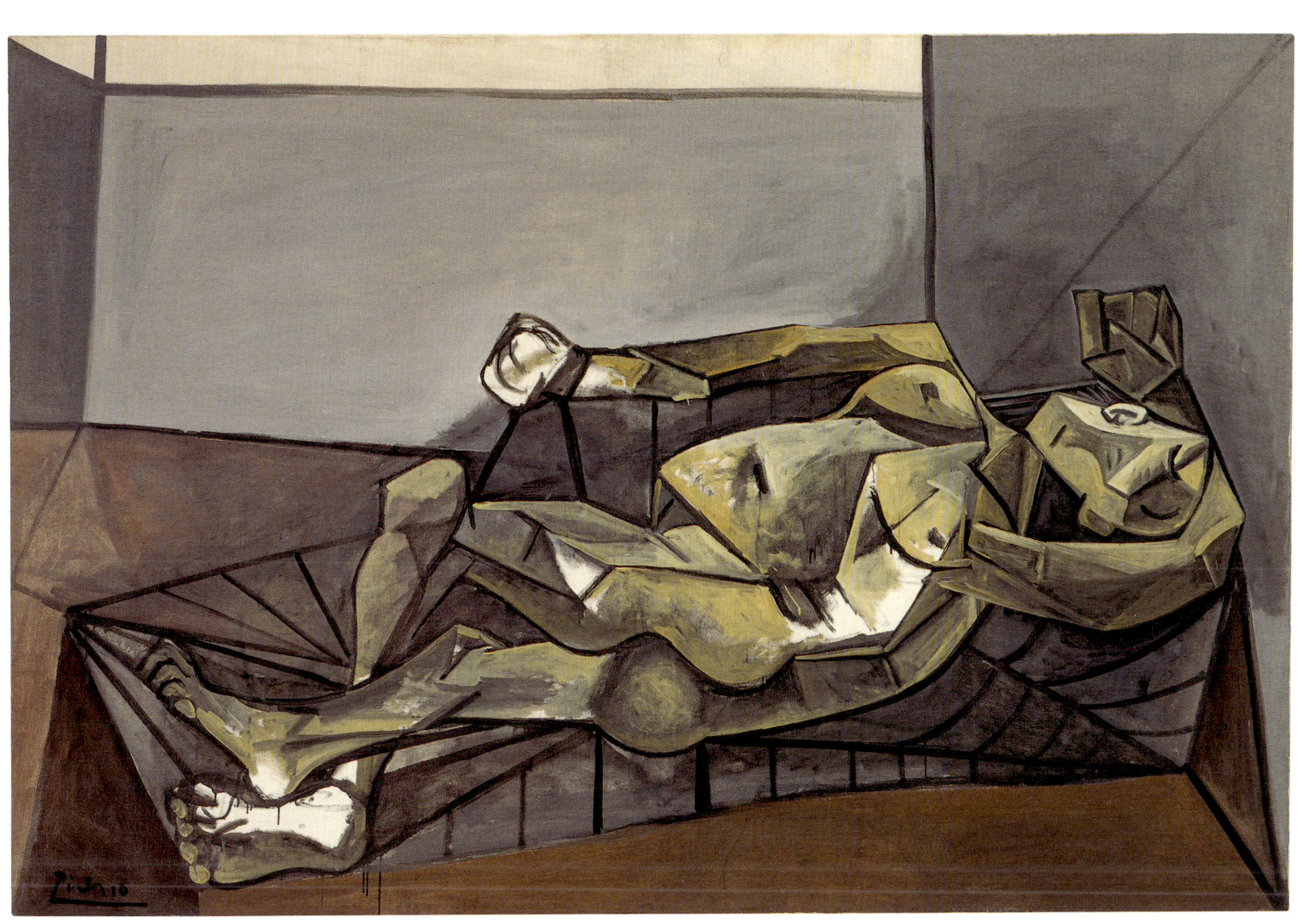

Henri Matisse

Le Cateau-Cambrésis, 1869 – Nice, 1954

"Verve IV" No. 13, Maquette pour une couverture
("Verve IV" n. 13, Maquette per la copertina)
"Verve IV" No. 13, Cover Maquette
1943

Papier découpé su tela / Papier découpé on canvas
38,1 × 56,8 cm

Museum Berggruen, Neue Nationalgalerie,
Stiftung Preußischer Kulturbesitz,
on loan from the Berggruen family

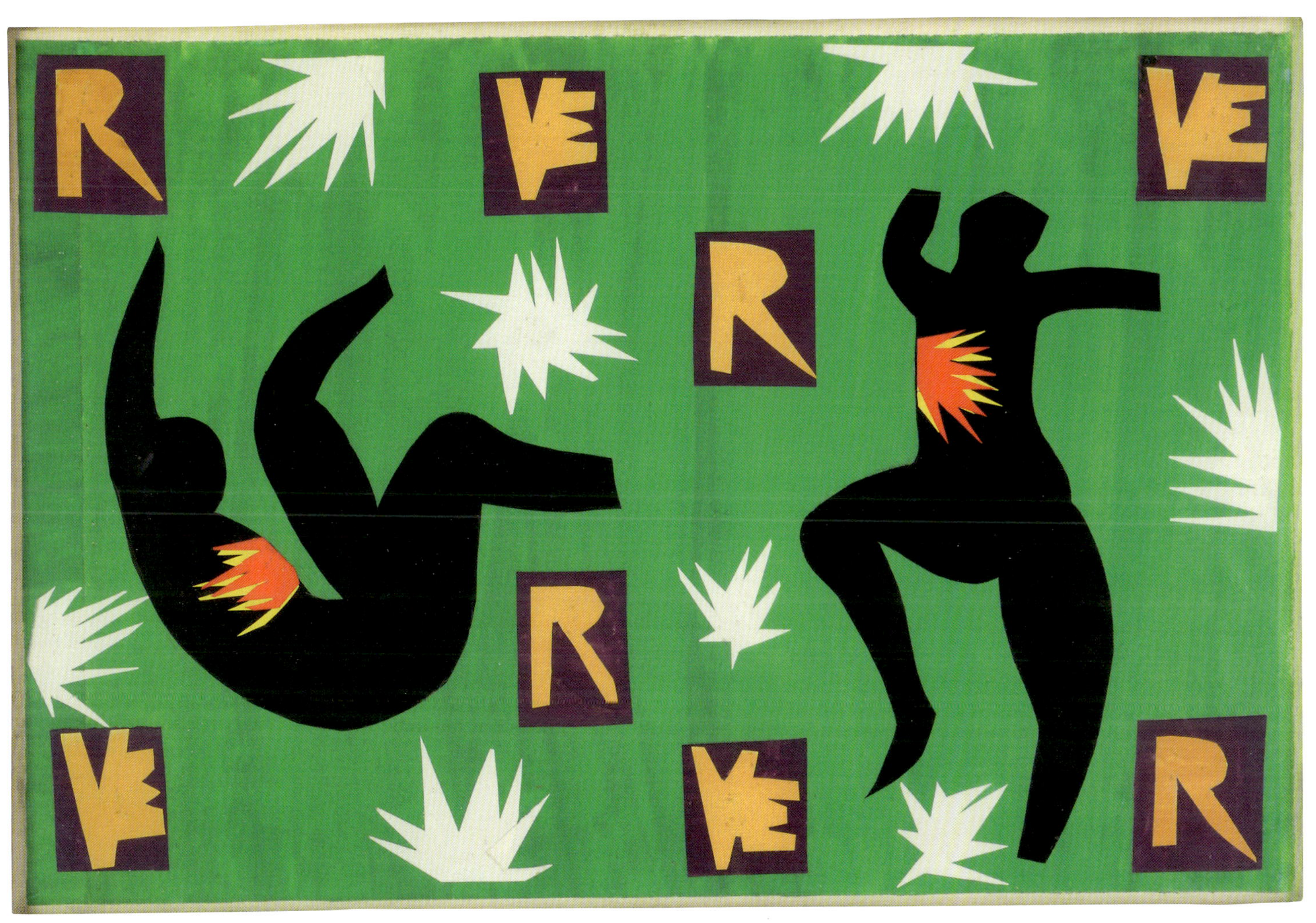

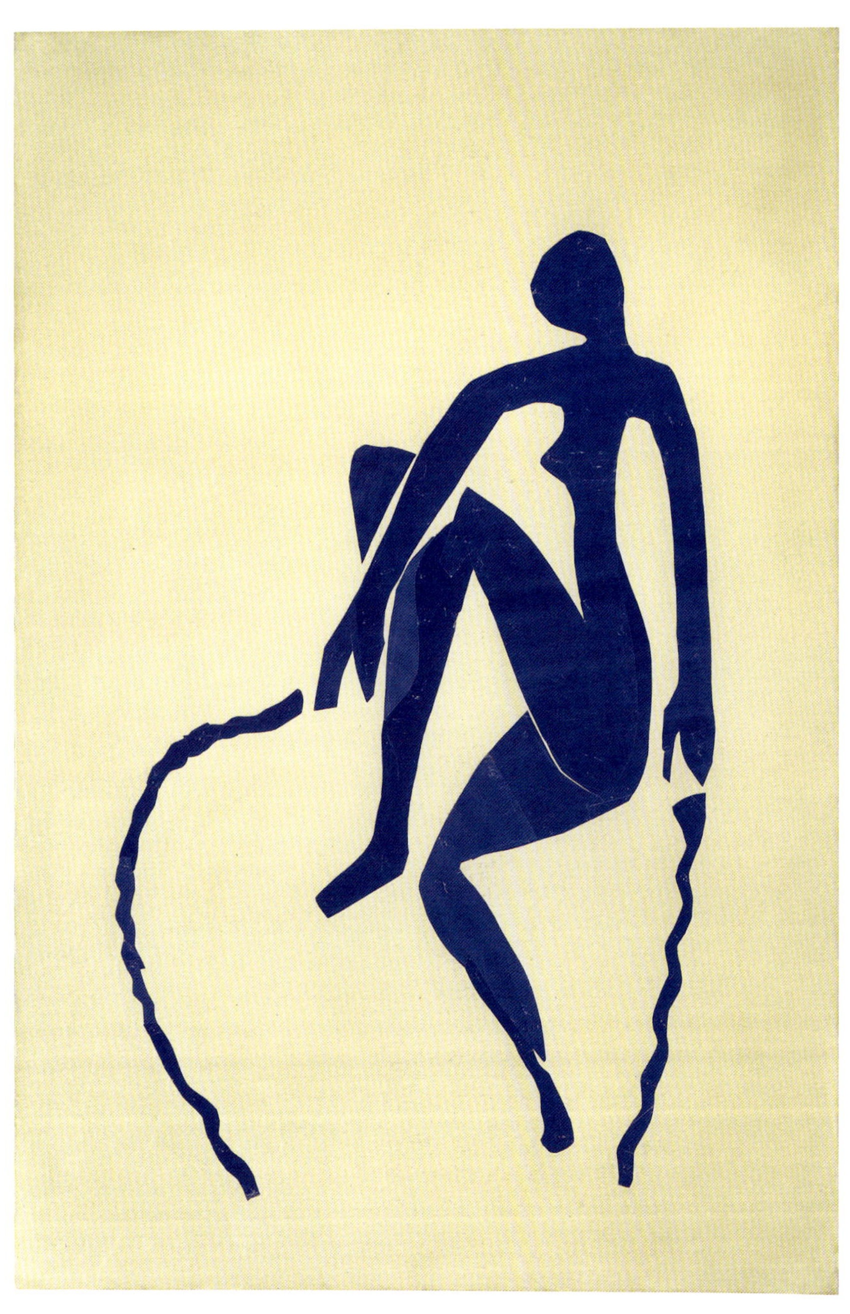

Henri Matisse

Le Cateau-Cambrésis, 1869 – Nice, 1954

Sauteuse de corde
(Nudo blu che salta la corda)
Blue Nude Skipping
1952

Gouache découpée su carta /
Gouache découpée on paper
145 × 98 cm

Museum Berggruen, Neue Nationalgalerie,
Stiftung Preußischer Kulturbesitz, NG MB 160/2000

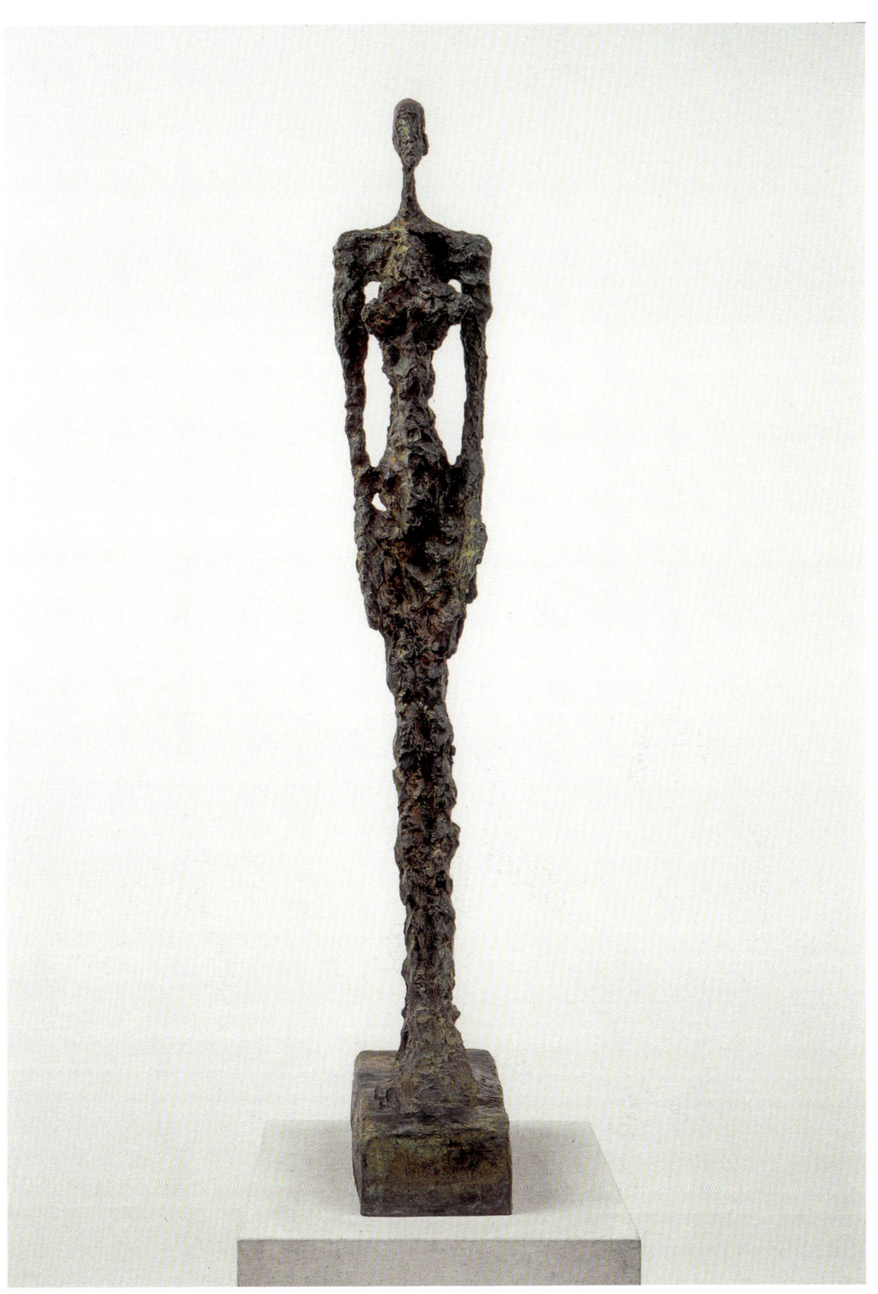

Alberto Giacometti

Borgonovo di Stampa, 1901 – Chur, 1966

Femme de Venise IV
(Donna di Venezia IV)
Woman of Venice IV
1956

Bronzo / Bronze
116 × 15,5 × 33,5 cm

Museum Berggruen, Neue Nationalgalerie,
Stiftung Preußischer Kulturbesitz, NG MB 95/2000

CATALOGO DELLE OPERE

CATALOG OF ARTWORKS

BERGGRUEN INSTITUTE EUROPE
CASA DEI TRE OCI

PAESAGGIO E *PLEIN AIR*
LANDSCAPE AND *PLEIN AIR*

Paul Klee
Münchenbuchsee, 1879 – Muralto, 1940

Landschaft in Blau
(Paesaggio in blu)
Landscape in Blue
1917

Acquerello, matita e inchiostro su carta preparata su cartone / Watercolour, pencil, and ink on primed paper on cardboard
18,3 × 24,5 cm

Museum Berggruen, Neue Nationalgalerie, Stiftung Preußischer Kulturbesitz, on loan from the Berggruen family

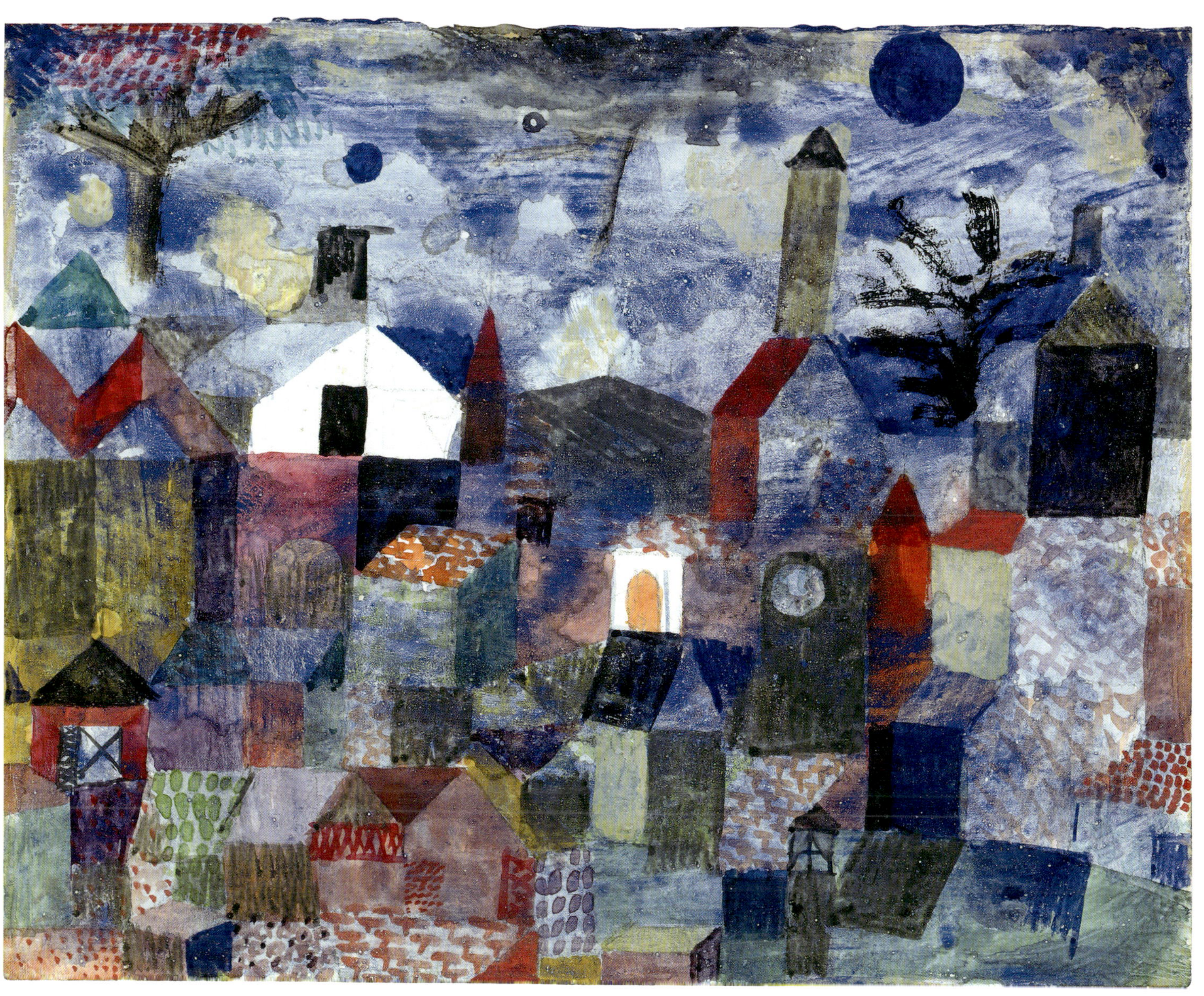

Paul Klee

Münchenbuchsee, 1879 – Muralto, 1940

Tempel-Wandmalerei I
(Pittura murale del tempio I)
Temple Mural Painting I
1920

Acquerello e gouache su carta su cartone /
Watercolour and gouache on paper on cardboard
21,1 × 12 cm

Museum Berggruen, Neue Nationalgalerie,
Stiftung Preußischer Kulturbesitz,
on loan from the Berggruen family

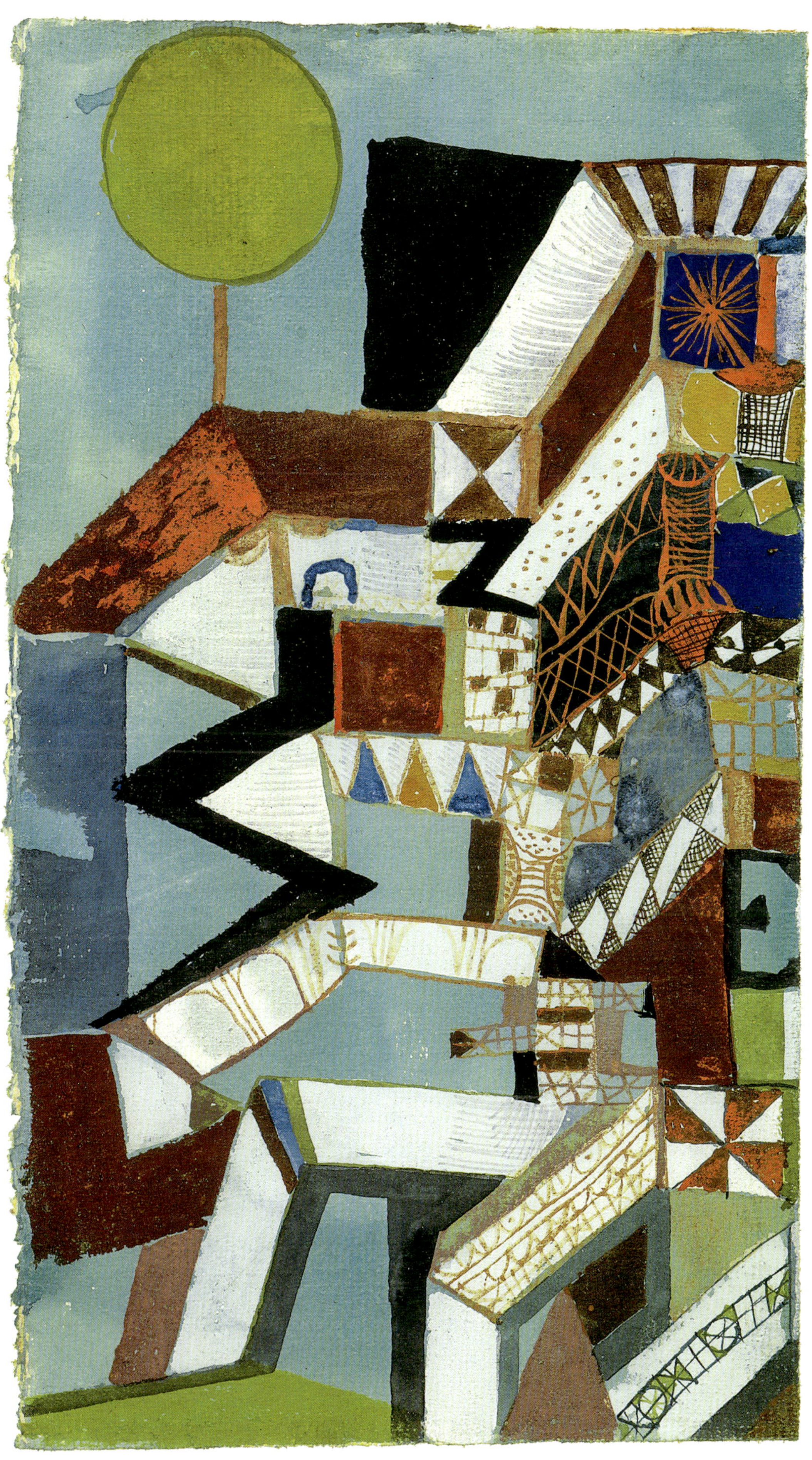

Pablo Picasso
Malaga, 1881 – Mougins, 1973

Groupe de quatre baigneuses
(Gruppo di quattro bagnanti)
Group of Four Bathers
1921

Matita su carta / Pencil on paper
24,7 × 30,3 cm

Museum Berggruen, Neue Nationalgalerie,
Stiftung Preußischer Kulturbesitz,
on loan from the Berggruen family

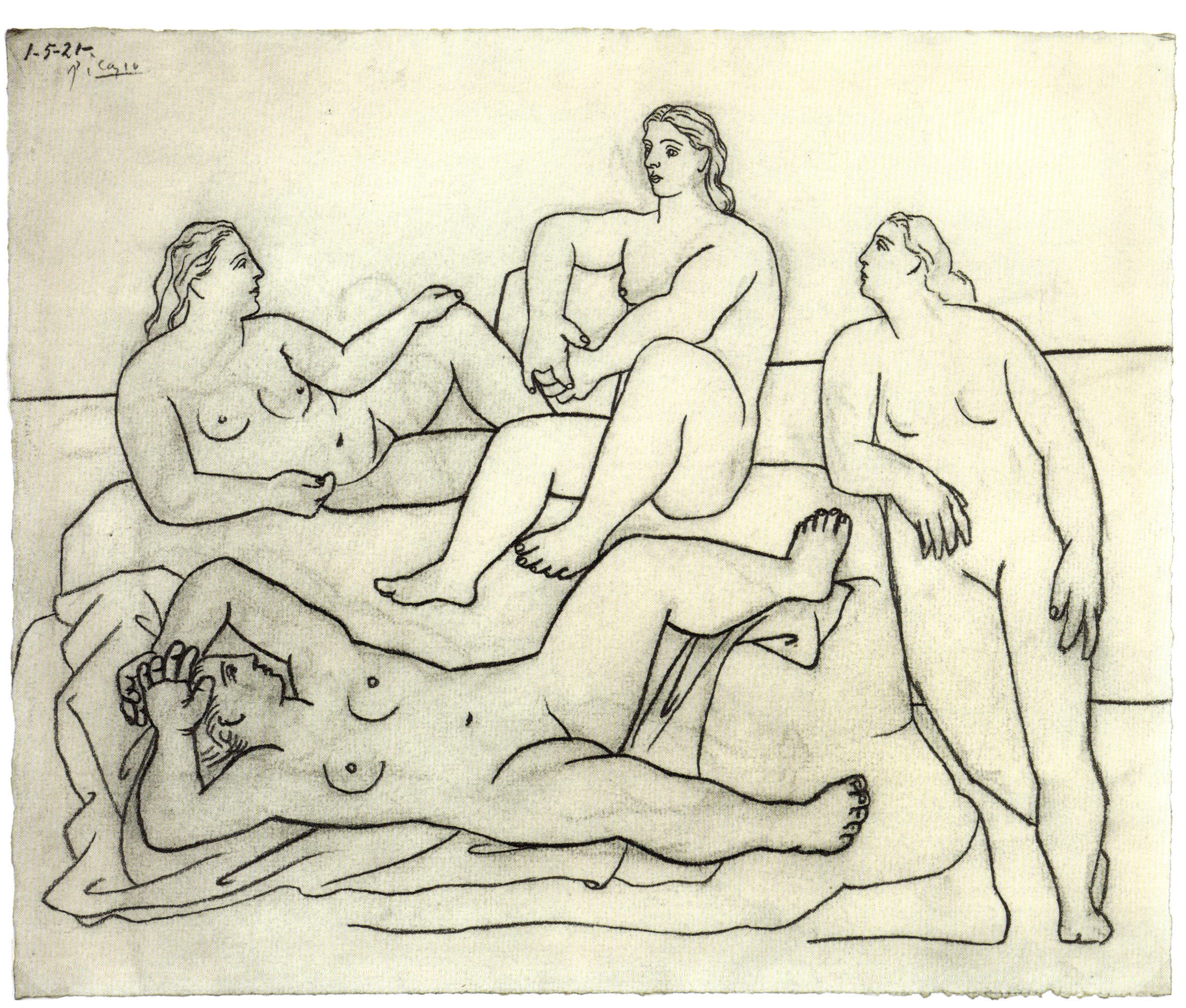
1-5-21
Picasso

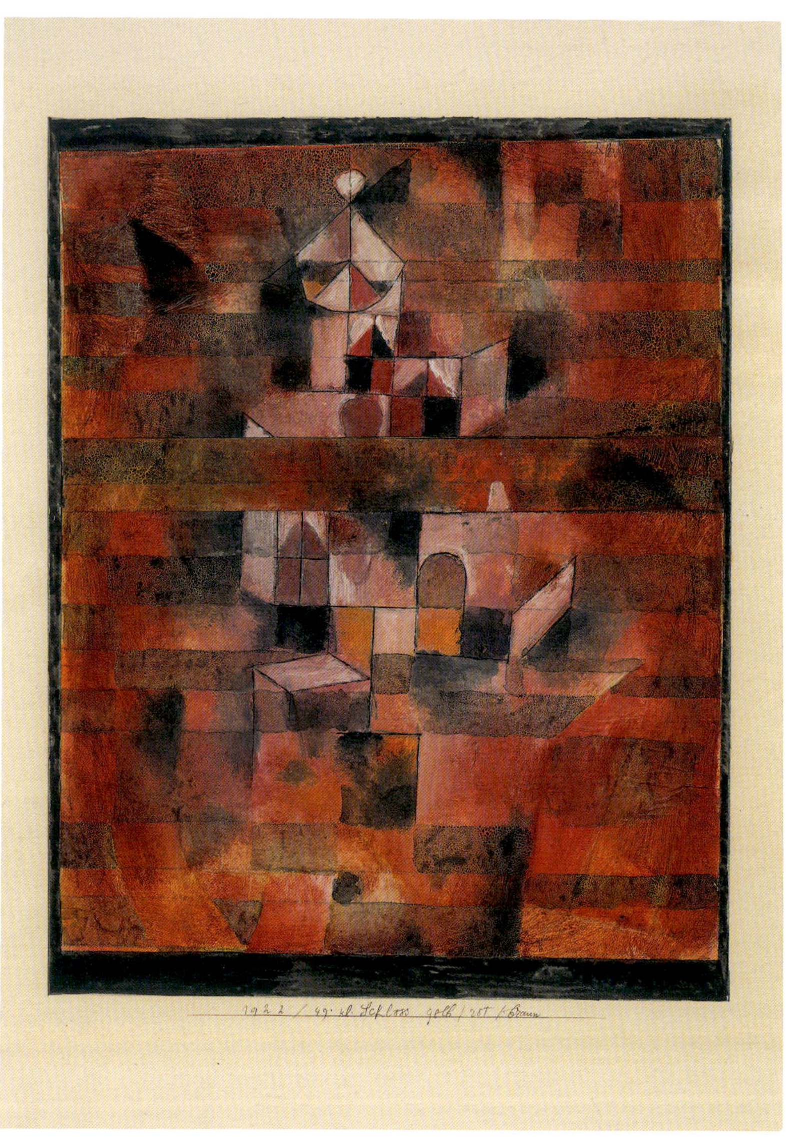

Paul Klee
Münchenbuchsee, 1879 – Muralto, 1940

kl. Schloss gelb/rot/braun
(Piccolo castello giallo/rosso/marrone)
Little Castle Yellow/Red/Brown
1922

Olio e acquerello su carta su cartone, strisce del bordo superiore e inferiore ad acquerello /
Oil and watercolour on paper on cardboard, upper and lower border strips in watercolour
30,3 × 25,3 cm

Museum Berggruen, Neue Nationalgalerie,
Stiftung Preußischer Kulturbesitz,
on loan from the Berggruen family

Paul Klee
Münchenbuchsee, 1879 – Muralto, 1940

Landschaft in Grün
(Paesaggio in verde)
Landscape in Green
1922

Olio, acquerello e inchiostro su carta su cartone /
Oil, watercolour, and ink on paper on cardboard
45,4 × 51,1 cm

Museum Berggruen, Neue Nationalgalerie,
Stiftung Preußischer Kulturbesitz,
on loan from the Berggruen family

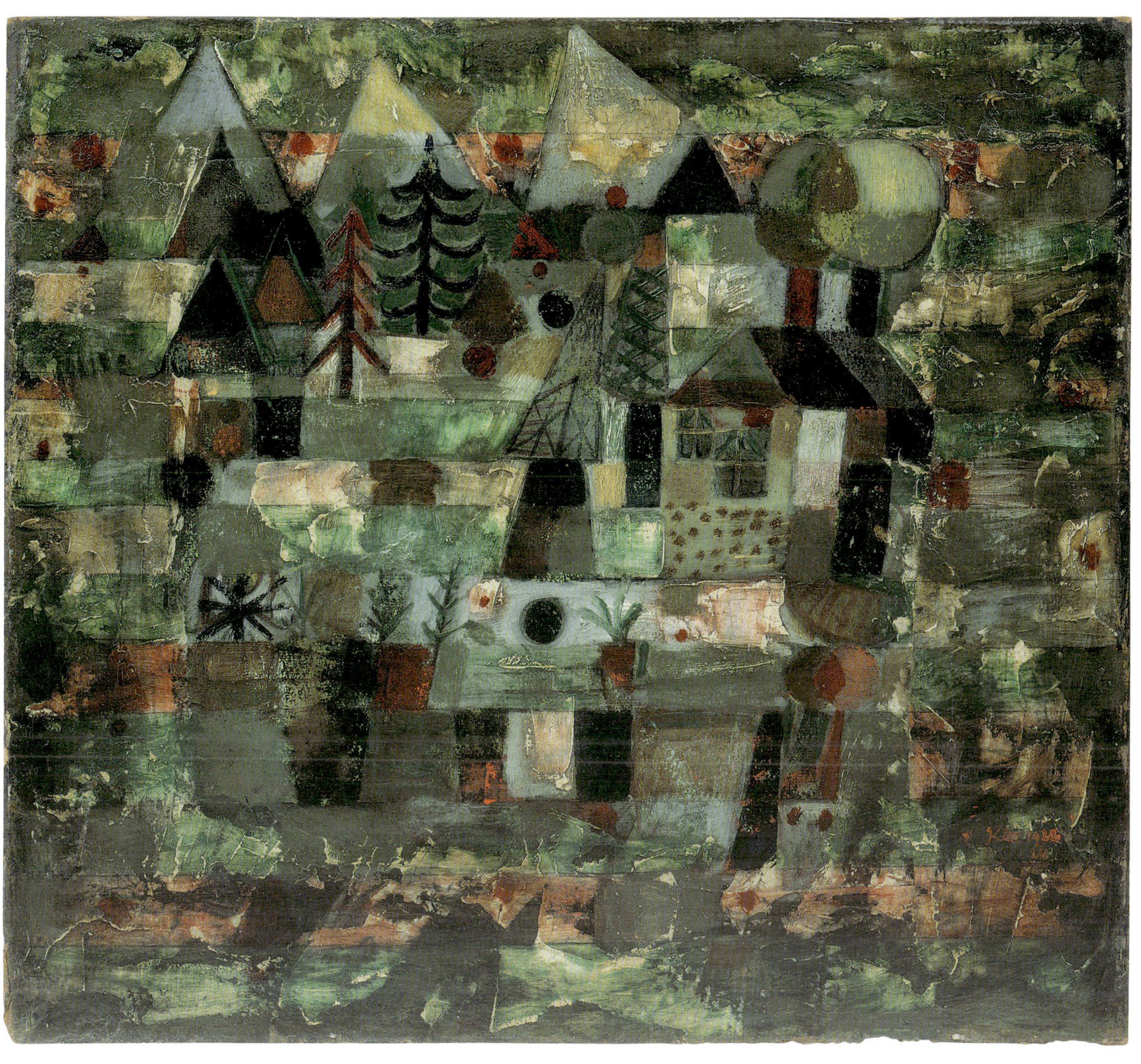

RITRATTI
PORTRAITS

Paul Cézanne

Aix-en-Provence, 1839 – Aix-en-Provence, 1906

Hortense Fiquet (Madame Cézanne),
verso: *Étude de vêtement*
(Hortense Fiquet [Madame Cézanne],
verso: Studio di vestiario)
Hortense Fiquet (Madame Cézanne),
verso: *Study of Garments*
ca. 1874-1876

Matita su carta / Pencil on paper
26,5 × 20 cm

Museum Berggruen, Neue Nationalgalerie,
Stiftung Preußischer Kulturbesitz,
on loan from the Berggruen family

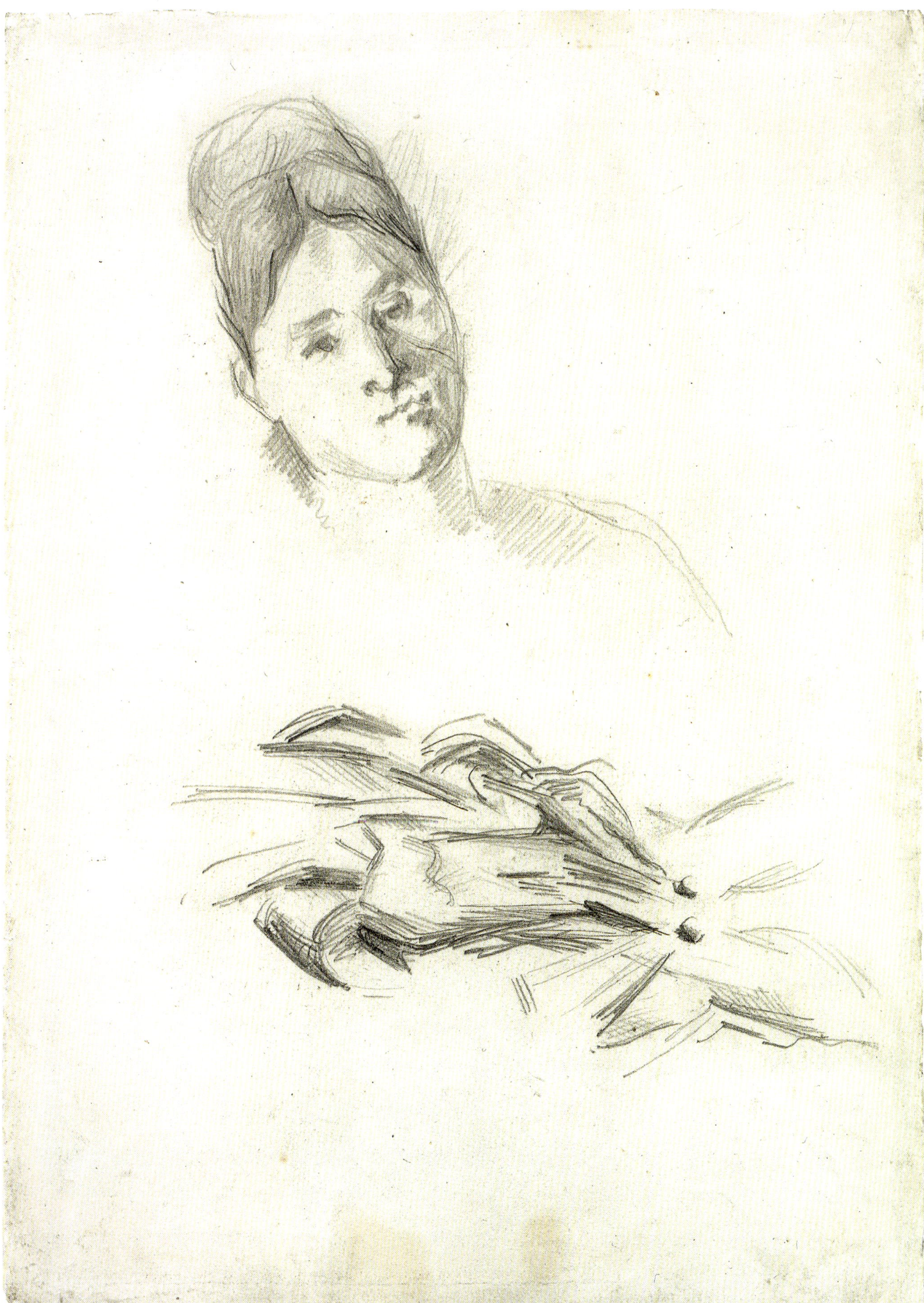

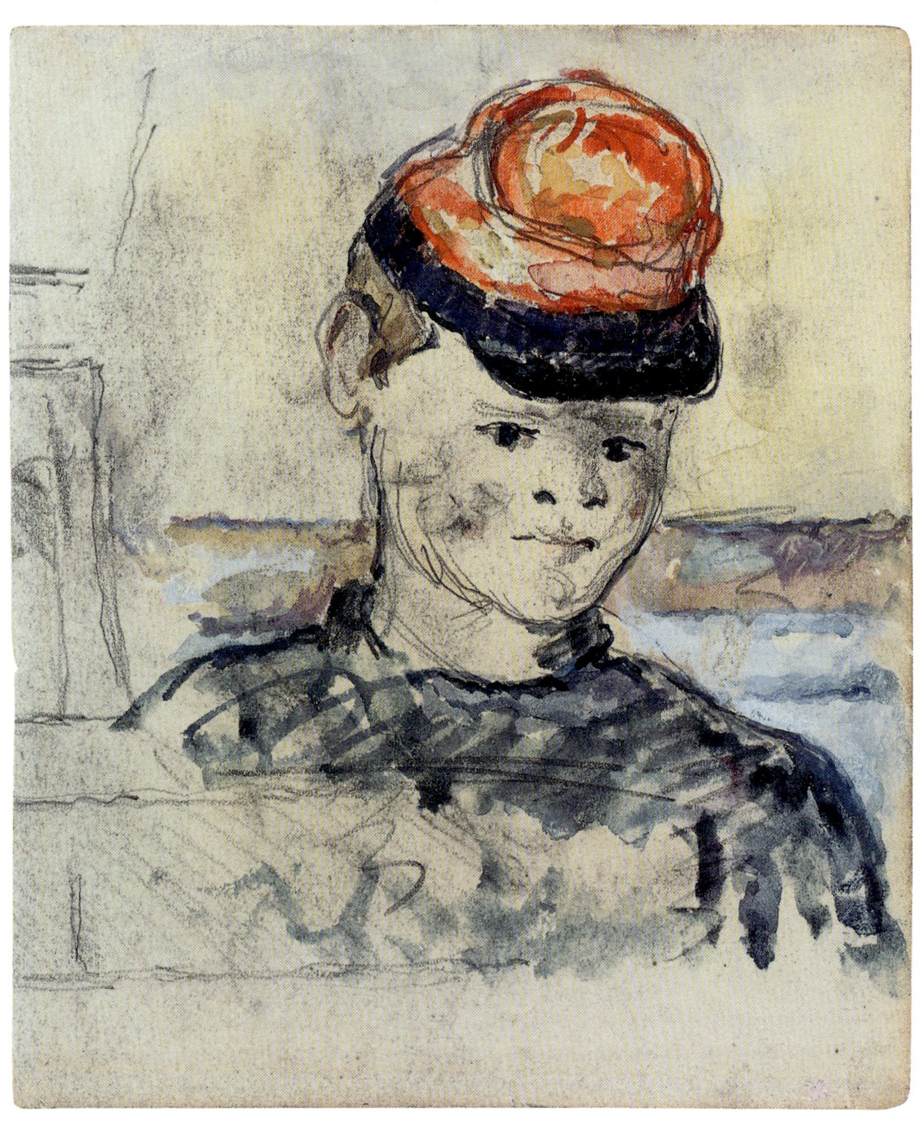

Paul Cézanne

Aix-en-Provence, 1839 – Aix-en-Provence, 1906

Garçon coiffé d'une casquette
(Ragazzo con berretto)
Boy with a Cap
1875

Acquerello e matita su carta /
Watercolour and pencil on paper
15,5 × 10,8 cm

Museum Berggruen, Neue Nationalgalerie,
Stiftung Preußischer Kulturbesitz,
on loan from the Berggruen family

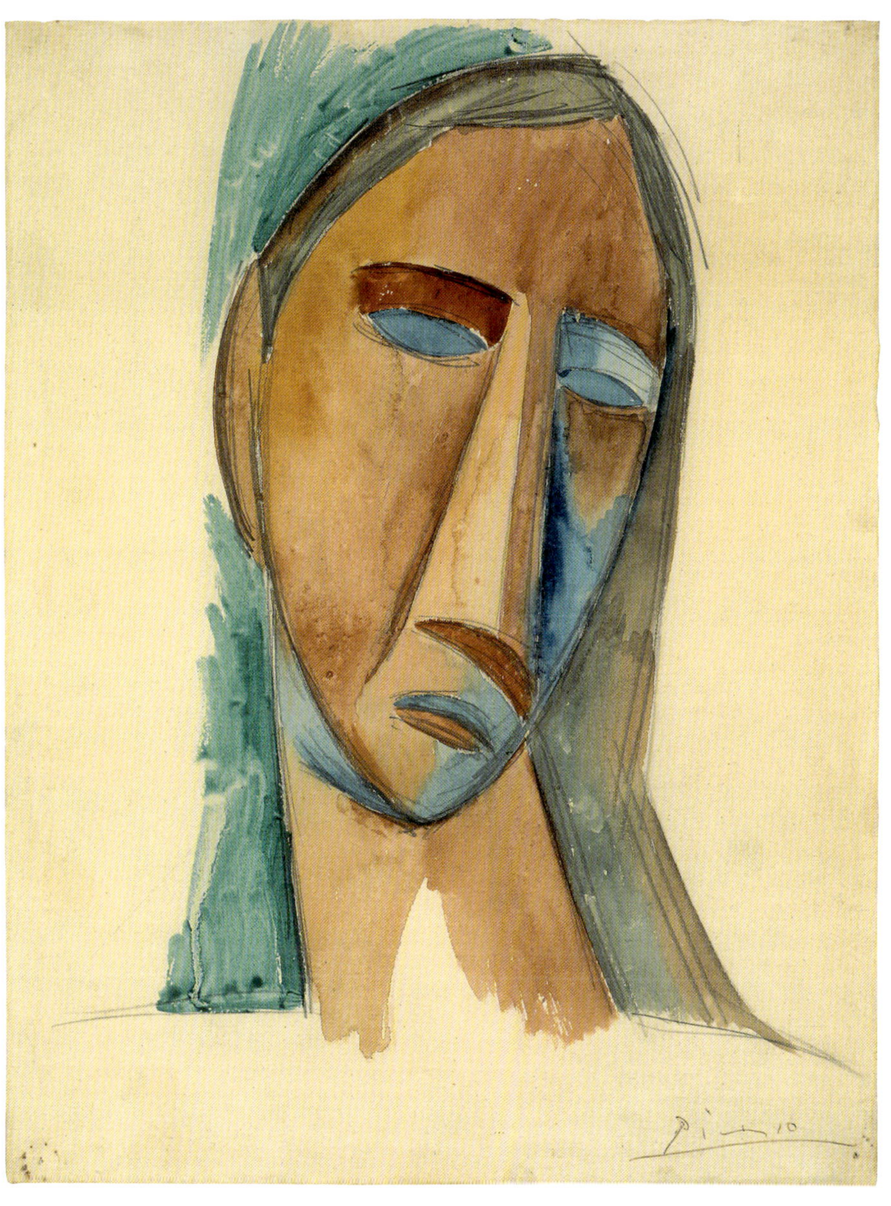

Pablo Picasso
Malaga, 1881 – Mougins, 1973

Tête de femme
(Testa di donna)
Head of a Woman
1908

Acquerello e matita su carta /
Watercolour and pencil on paper
34 × 21 cm

Museum Berggruen, Neue Nationalgalerie,
Stiftung Preußischer Kulturbesitz,
on loan from the Berggruen family

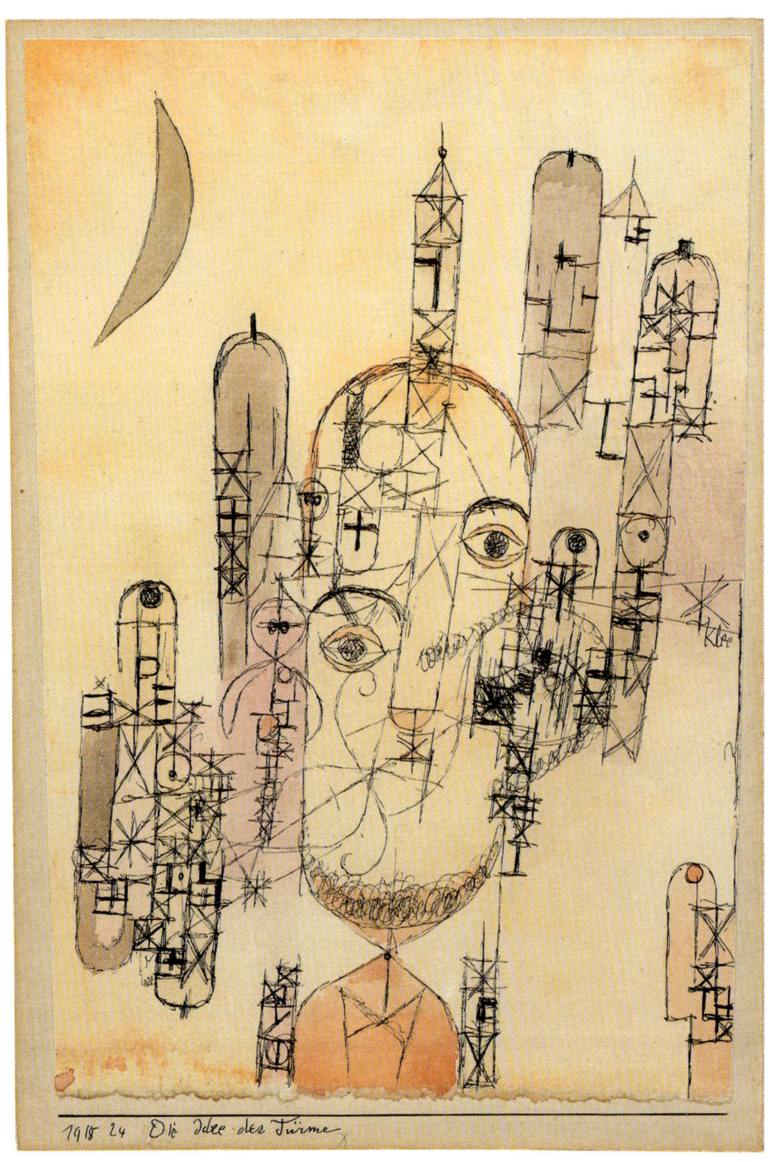

Paul Klee
Münchenbuchsee, 1879 – Muralto, 1940

Die Idee der Türme
(L'idea delle torri)
The Idea of Towers
1918

Inchiostro e acquerello su carta su cartone /
Ink and watercolour on paper on cardboard
21,7 × 15,4 cm

Museum Berggruen, Neue Nationalgalerie,
Stiftung Preußischer Kulturbesitz,
on loan from the Berggruen family

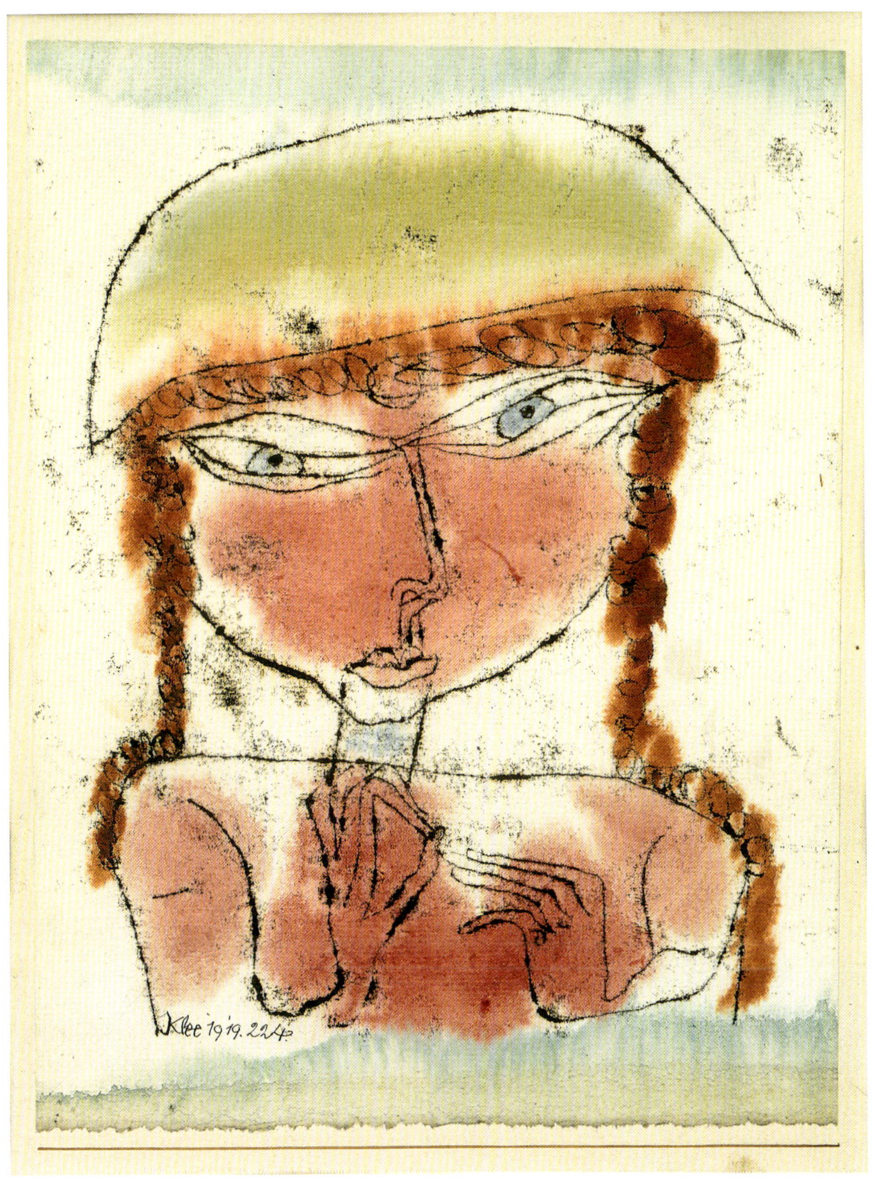

Paul Klee

Münchenbuchsee, 1879 – Muralto, 1940

Rotes Mädchen mit gelbem Topfhut
(Ragazza rossa con bombetta gialla)
Red Girl with Yellow Bowl-Shaped Hat
1919

Disegno a ricalco a olio e acquerello su carta su cartone / Oil transfer drawing and watercolour on paper on cardboard
23,7 × 18,5 cm

Museum Berggruen, Neue Nationalgalerie,
Stiftung Preußischer Kulturbesitz,
on loan from the Berggruen family

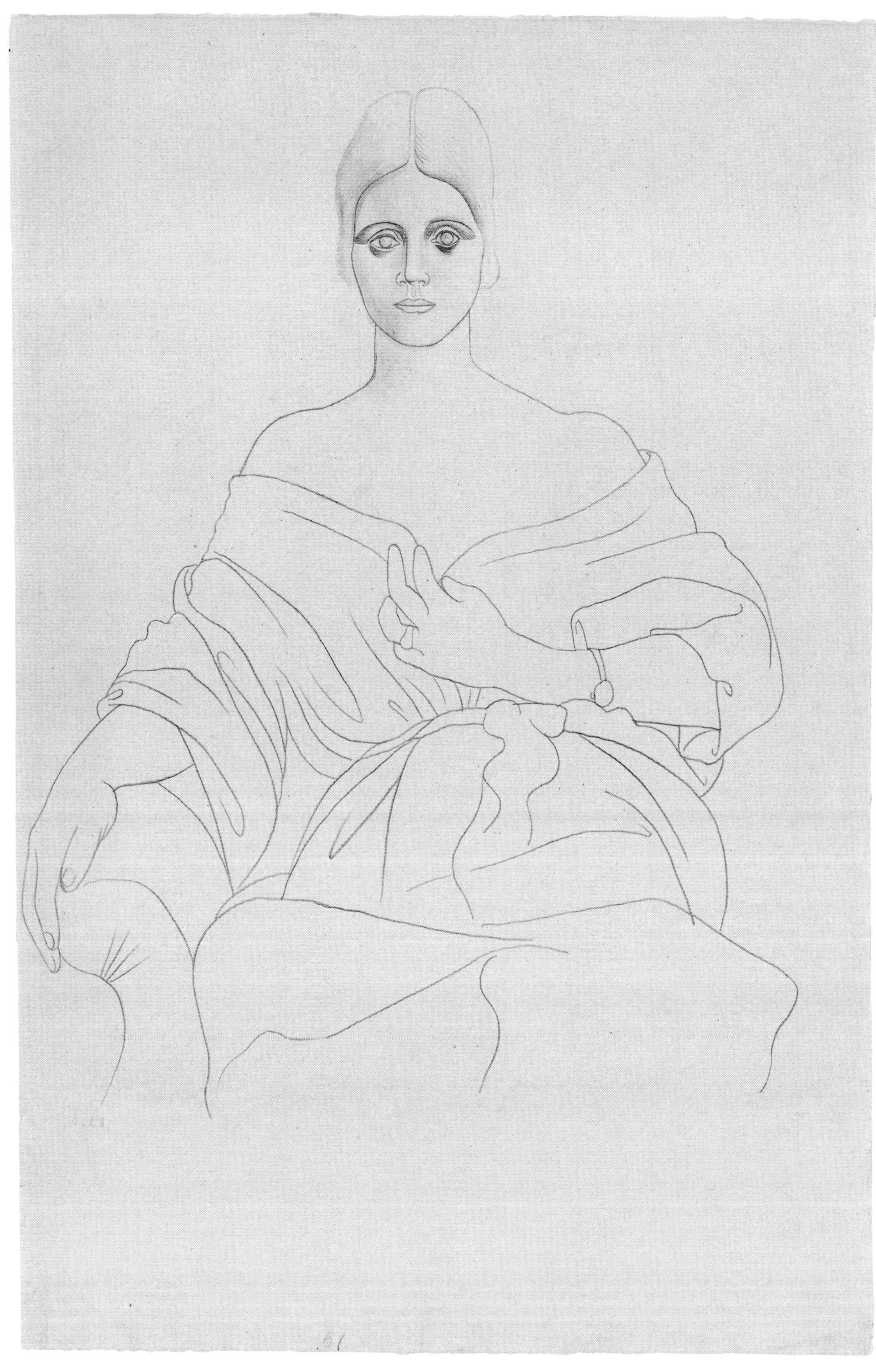

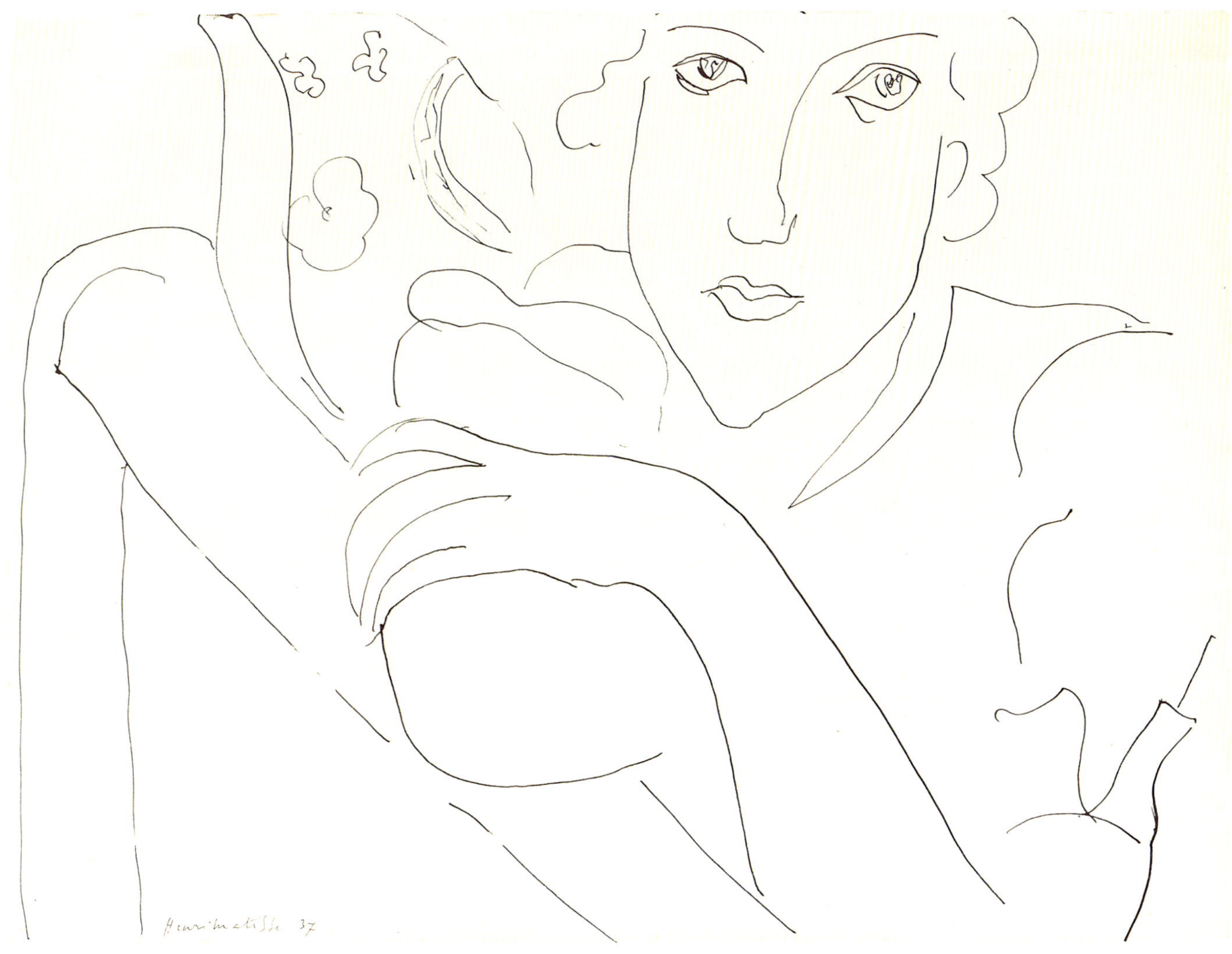

Pablo Picasso
Malaga, 1881 – Mougins, 1973

Portrait d'Olga
(Ritratto di Olga)
Portrait of Olga
ca. 1920

Matita su carta / Pencil on paper
48,5 × 32 cm

Museum Berggruen, Neue Nationalgalerie,
Stiftung Preußischer Kulturbesitz,
on loan from the Berggruen family

Henri Matisse
Le Cateau-Cambrésis, 1869 – Nice, 1954

Femme assise aux bras croisés
(Donna seduta a braccia conserte)
Seated Woman with Crossed Arms
1937

Inchiostro su carta / Ink on paper
28,6 × 38,1 cm

Museum Berggruen, Neue Nationalgalerie,
Stiftung Preußischer Kulturbesitz,
on loan from the Berggruen family

Pablo Picasso

Malaga, 1881 – Mougins, 1973

Dora Maar à la couronne de fleurs
(Dora Maar con corona di fiori)
Dora Maar with a Crown of Flowers
1937

Pastelli e matita su carta / Crayons and pencil on paper
28,5 × 23,5 cm

Museum Berggruen, Neue Nationalgalerie,
Stiftung Preußischer Kulturbesitz,
on loan from the Berggruen family

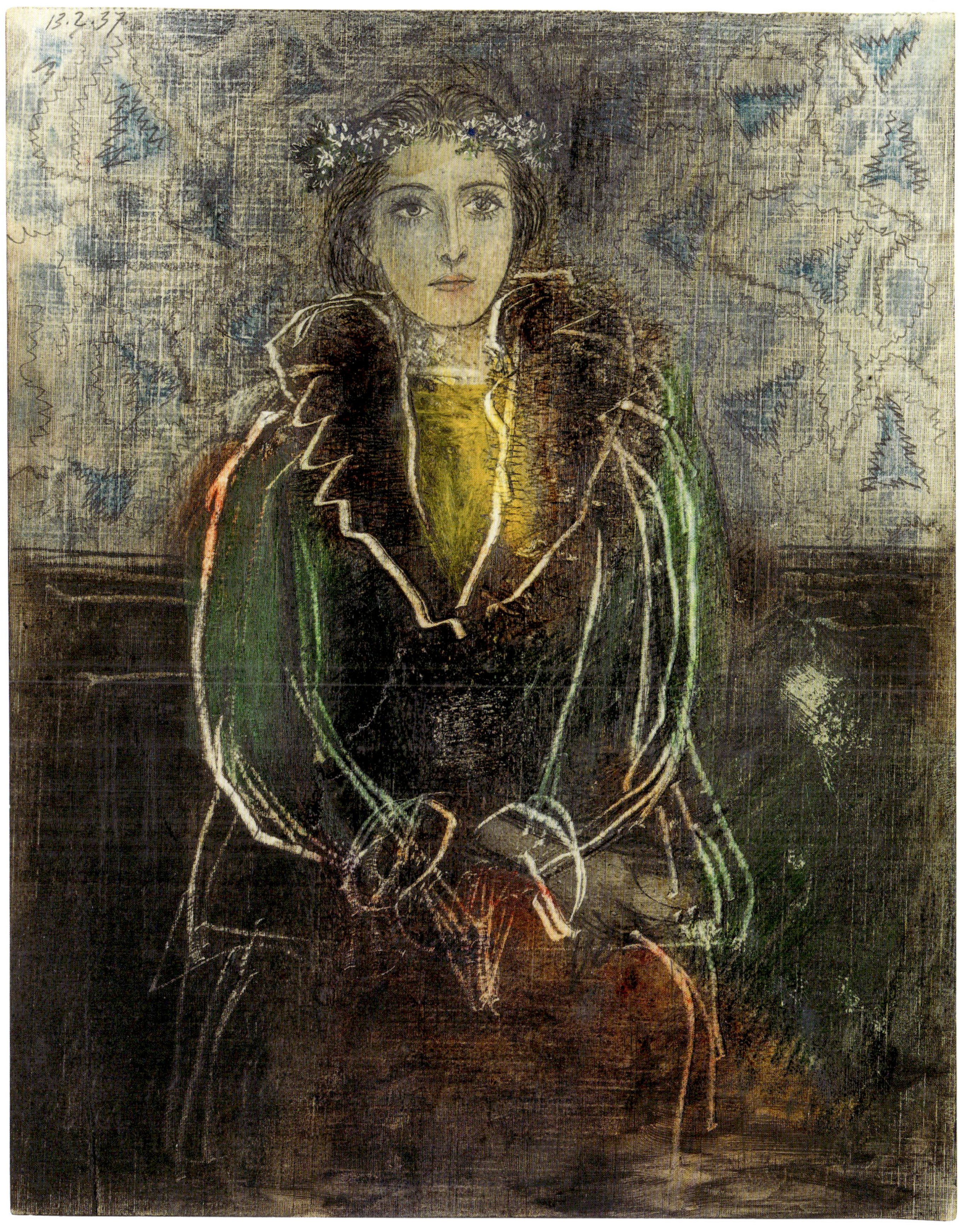
13.2.37

INTERAZIONE
INTERACTION

Pablo Picasso

Malaga, 1881 – Mougins, 1973

Étude pour "Le Couple dans un bar"
(Studio per "La coppia in un bar")
Study for "The Couple in a Bar"
1914

Matita su carta / Pencil on paper
49,5 × 37,3 cm

Museum Berggruen, Neue Nationalgalerie,
Stiftung Preußischer Kulturbesitz,
on loan from the Berggruen family

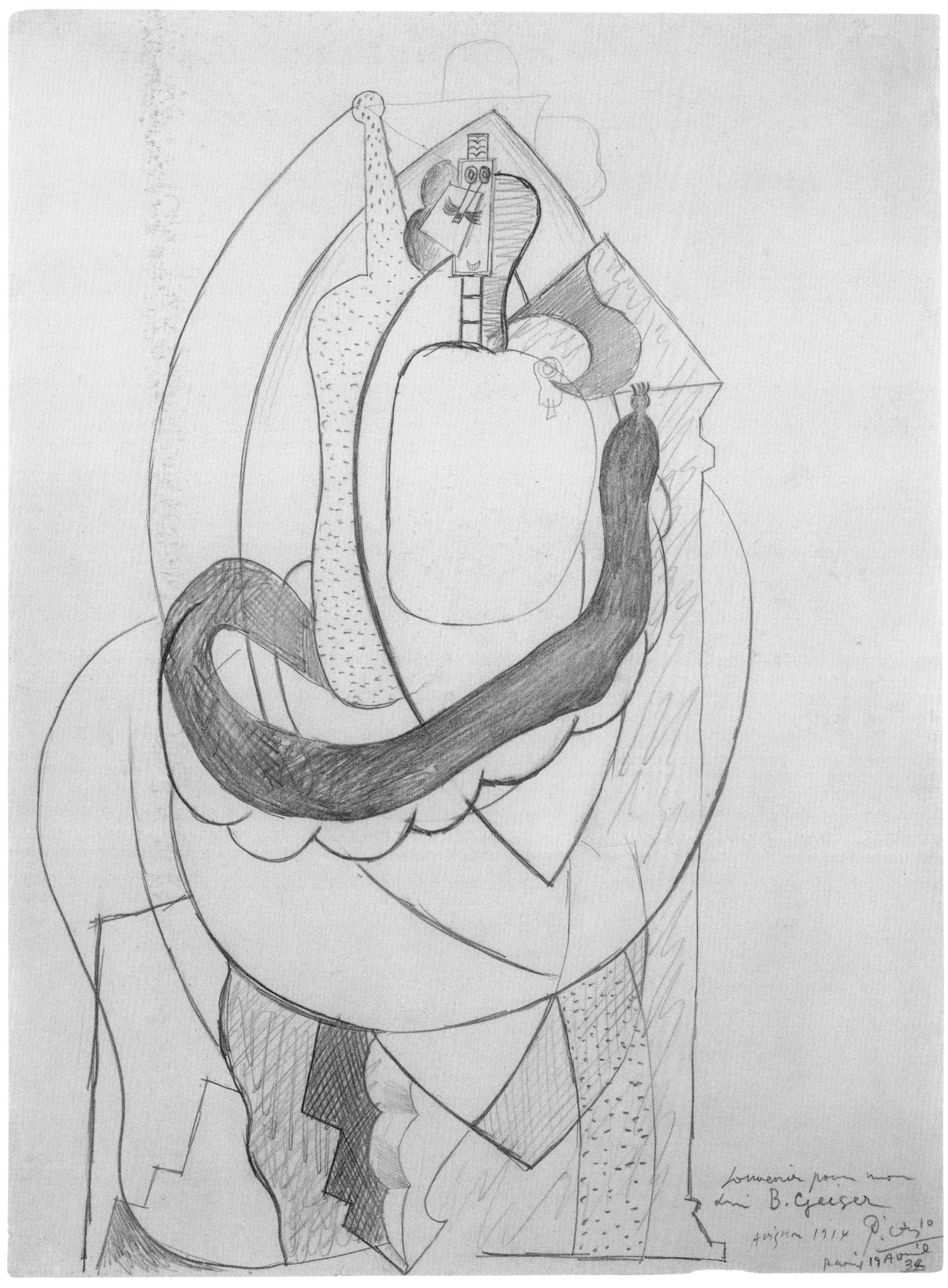
Souvenir pour mon
ami B. Geiser
Avignon 1914
Paris 19 Avril 34

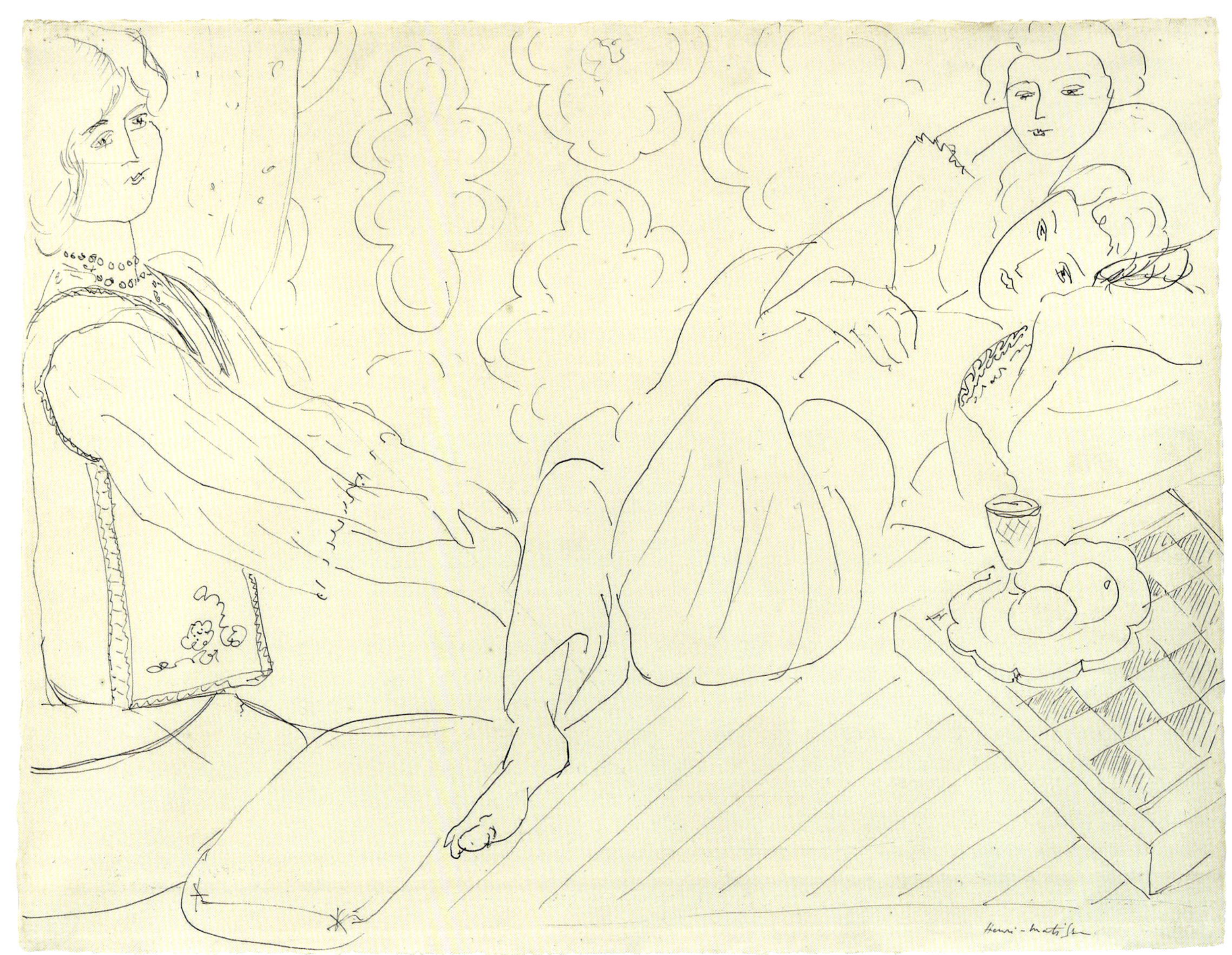

Henri Matisse

Le Cateau-Cambrésis, 1869 – Nice, 1954

Les trois sœurs
(Le tre sorelle)
Three Sisters
1928

Inchiostro su carta / Ink on paper
38 × 51 cm

Museum Berggruen, Neue Nationalgalerie,
Stiftung Preußischer Kulturbesitz,
on loan from the Berggruen family

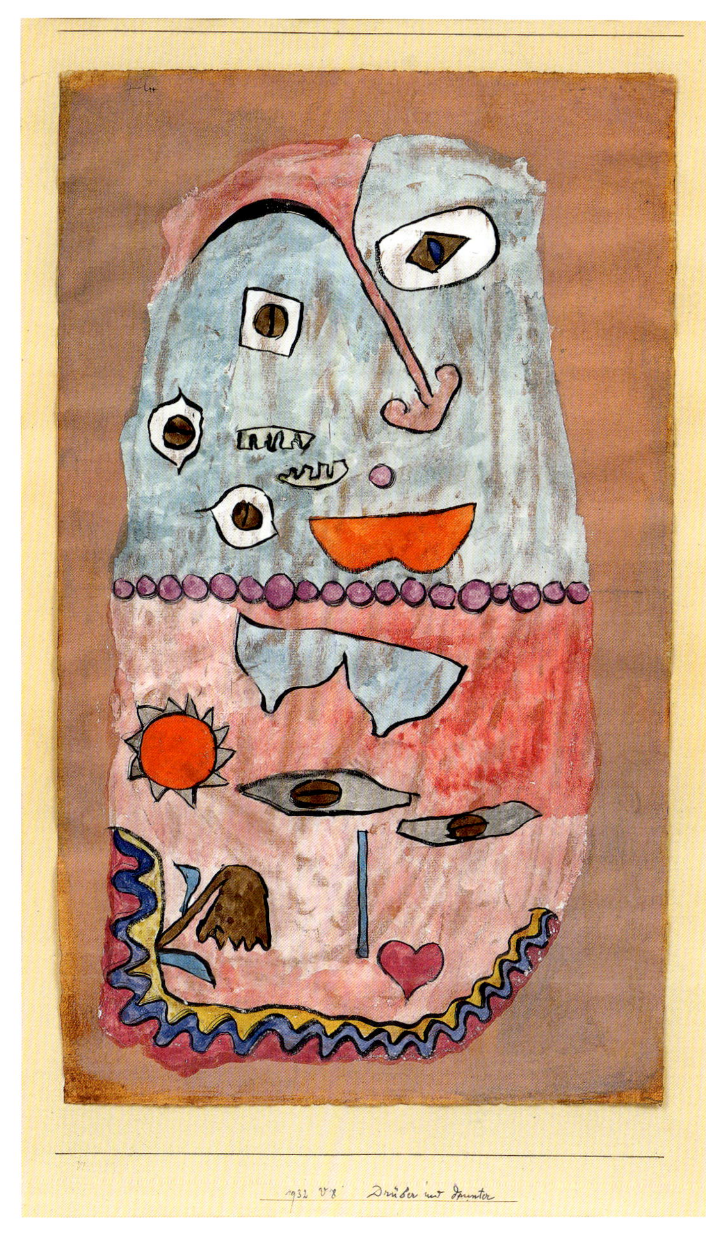

Paul Klee

Münchenbuchsee, 1879 – Muralto, 1940

Drüber und drunter
(Sopra e sotto)
Above and Below
1932

Acquerello su carta parzialmente preparata su cartone / Watercolour on partly primed paper on cardboard
47,5 × 29,2 cm

Museum Berggruen, Neue Nationalgalerie, Stiftung Preußischer Kulturbesitz, on loan from the Berggruen family

Pablo Picasso
Malaga, 1881 – Mougins, 1973

Le Dormeur
(Il dormiente)
The Sleeper
1942

Inchiostro su carta / Ink on paper
50 × 65 cm

Museum Berggruen, Neue Nationalgalerie,
Stiftung Preußischer Kulturbesitz,
on loan from the Berggruen family

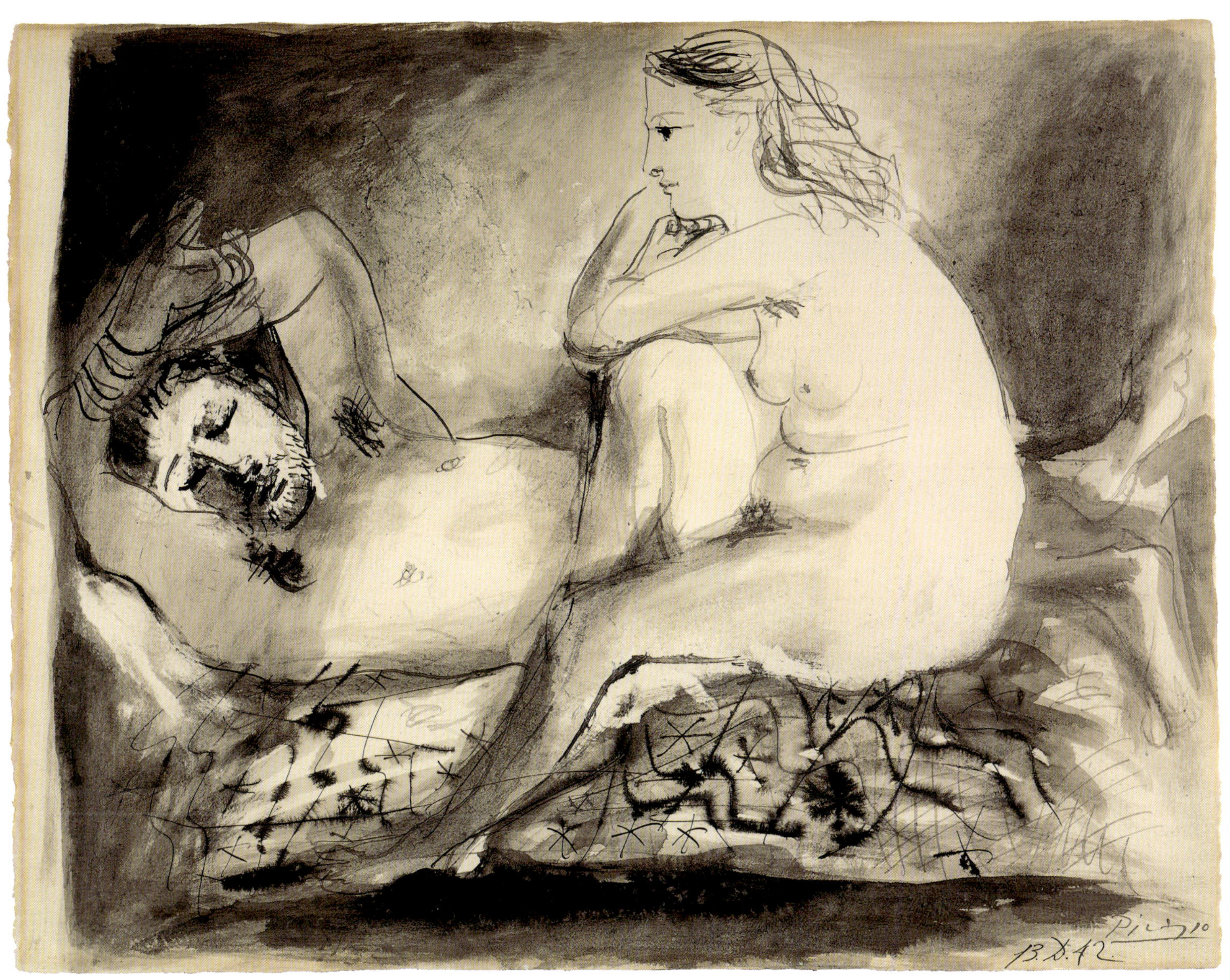

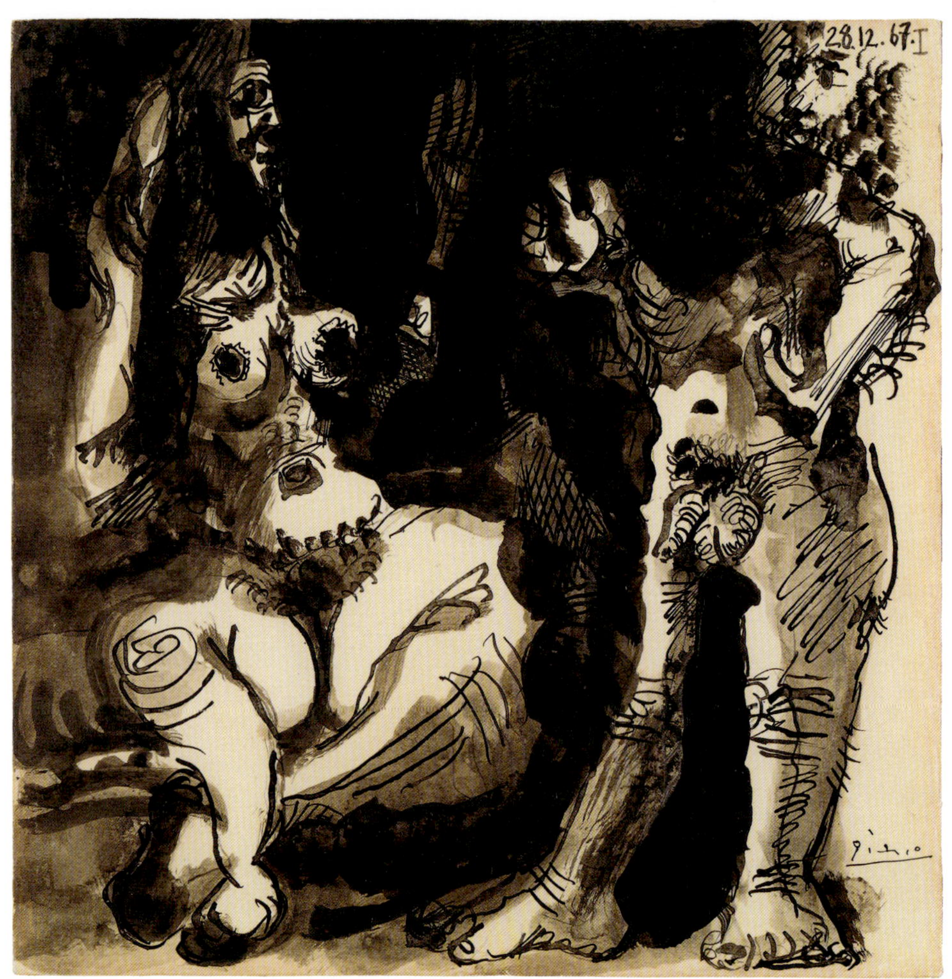

Pablo Picasso

Malaga, 1881 – Mougins, 1973

Le couple, homme et femme
(La coppia, uomo e donna)
The Couple, Man and Woman
1967

Inchiostro e matita su carta su carta ondulata/
Ink and pencil on paper on corrugated paper
30,5 × 30,5 cm

Museum Berggruen, Neue Nationalgalerie,
Stiftung Preußischer Kulturbesitz,
on loan from the Berggruen family

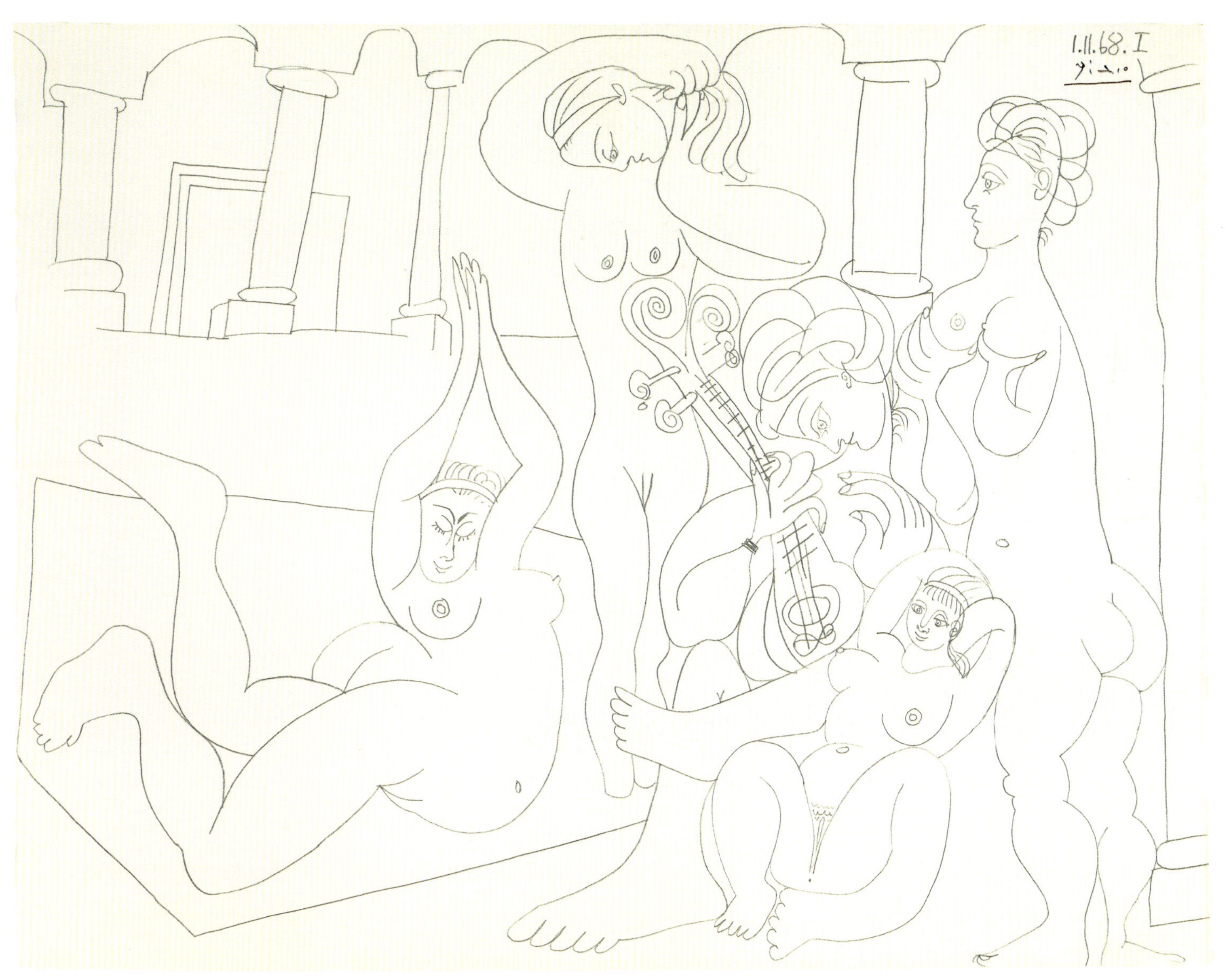

Pablo Picasso
Malaga, 1881 – Mougins, 1973

Le bain turc
(Il bagno turco)
The Turkish Bath
1968

Matita su carta / Pencil on paper
50,6 × 65,7 cm

Museum Berggruen, Neue Nationalgalerie,
Stiftung Preußischer Kulturbesitz,
on loan from the Berggruen family

MITO
E GIOCHI DI RUOLO
MYTH AND
ROLE PLAY

Pablo Picasso
Malaga, 1881 – Mougins, 1973

Le Saltimbanque
(Il saltimbanco)
The Juggler
1905

Inchiostro e matita su carta / Ink and pencil on paper
31,1 × 20,3 cm

Museum Berggruen, Neue Nationalgalerie,
Stiftung Preußischer Kulturbesitz,
on loan from the Berggruen family

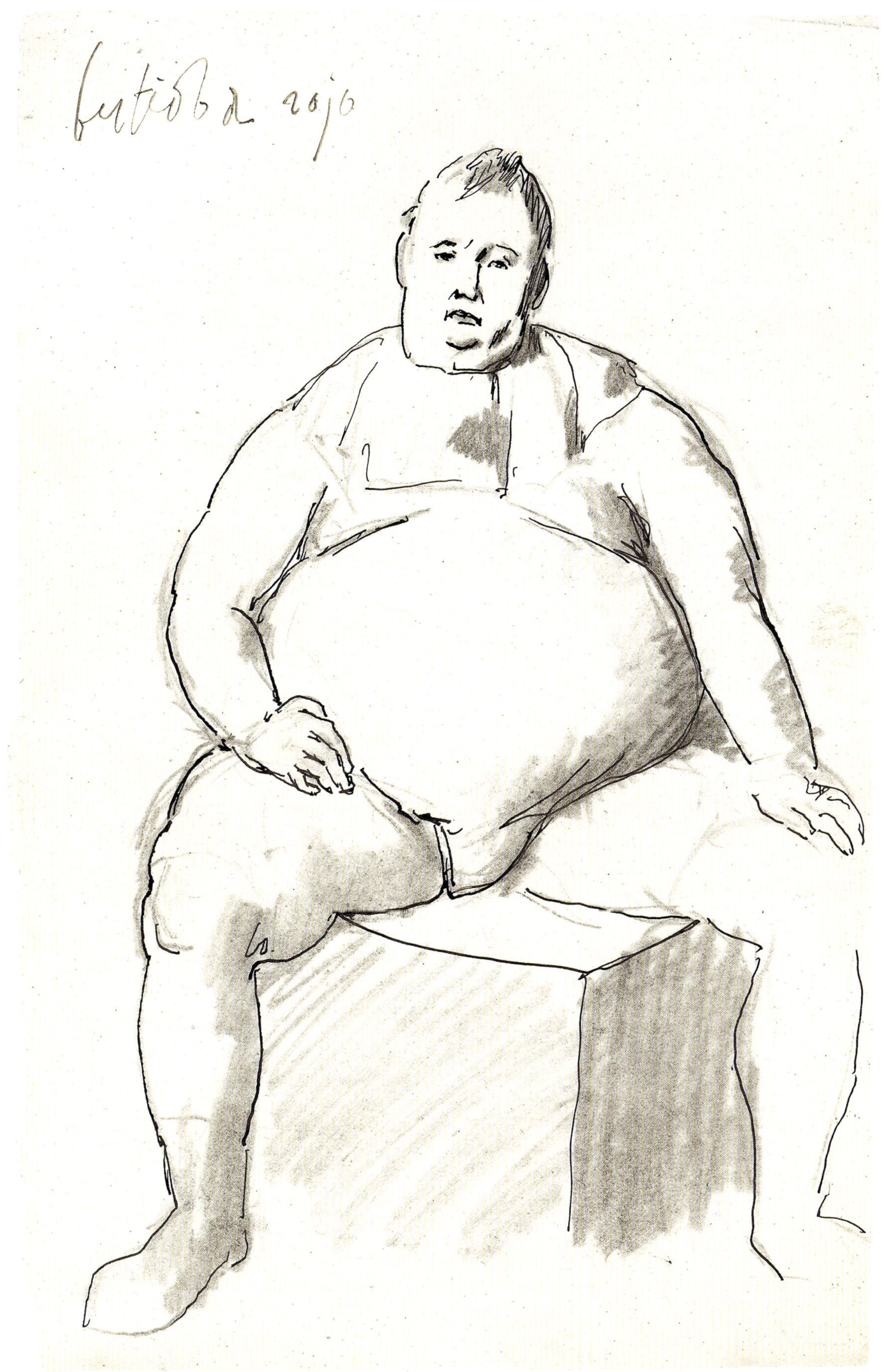

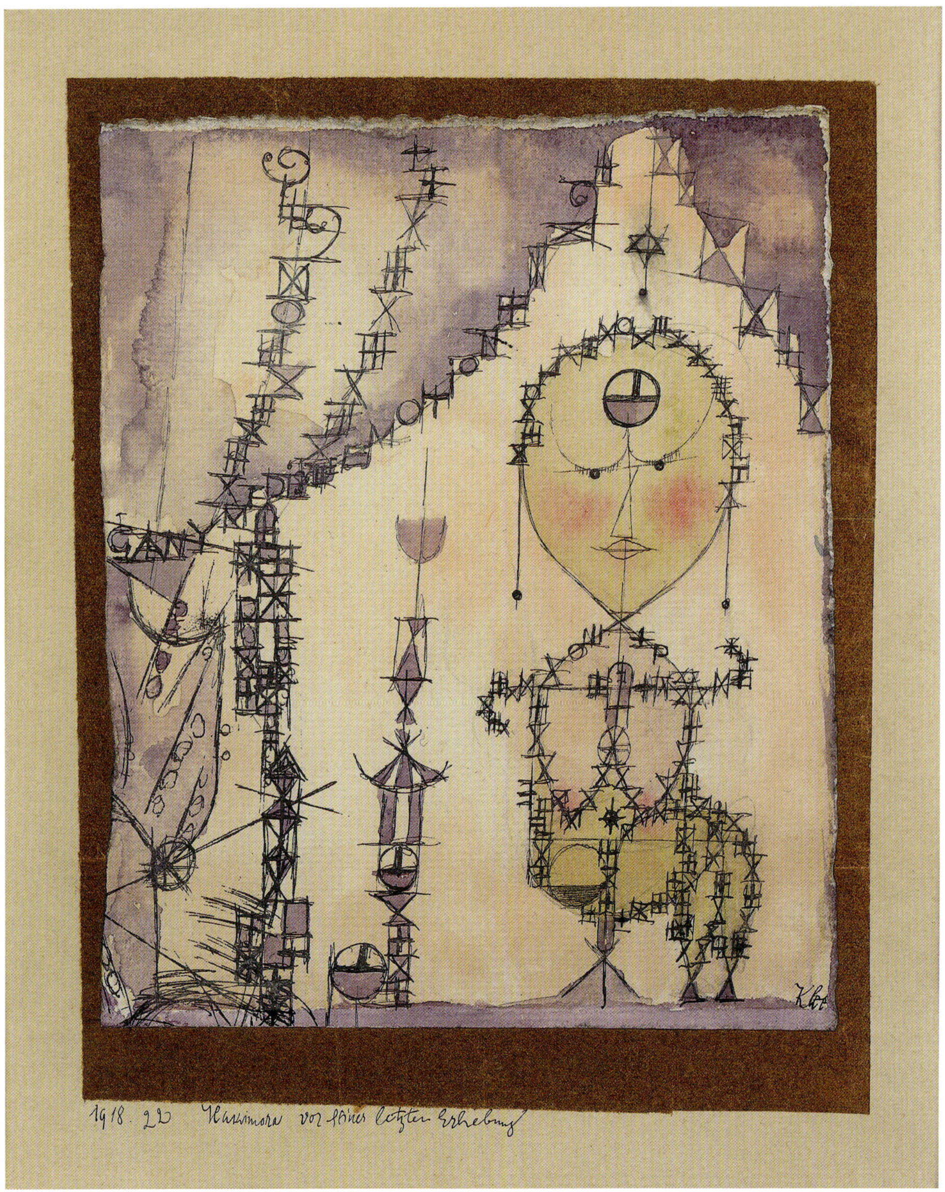

Paul Klee
Münchenbuchsee, 1879 – Muralto, 1940

Hakimora vor seiner letzten Erhebung
(Hakimora prima della sua ultima elevazione)
Hakimora before his Last Elevation
1918

Inchiostro e acquerello su carta e carta dorata su cartone /
Ink and watercolour on paper and gold paper on cardboard
20,5 × 16,4 cm

Museum Berggruen, Neue Nationalgalerie,
Stiftung Preußischer Kulturbesitz,
on loan from the Berggruen family

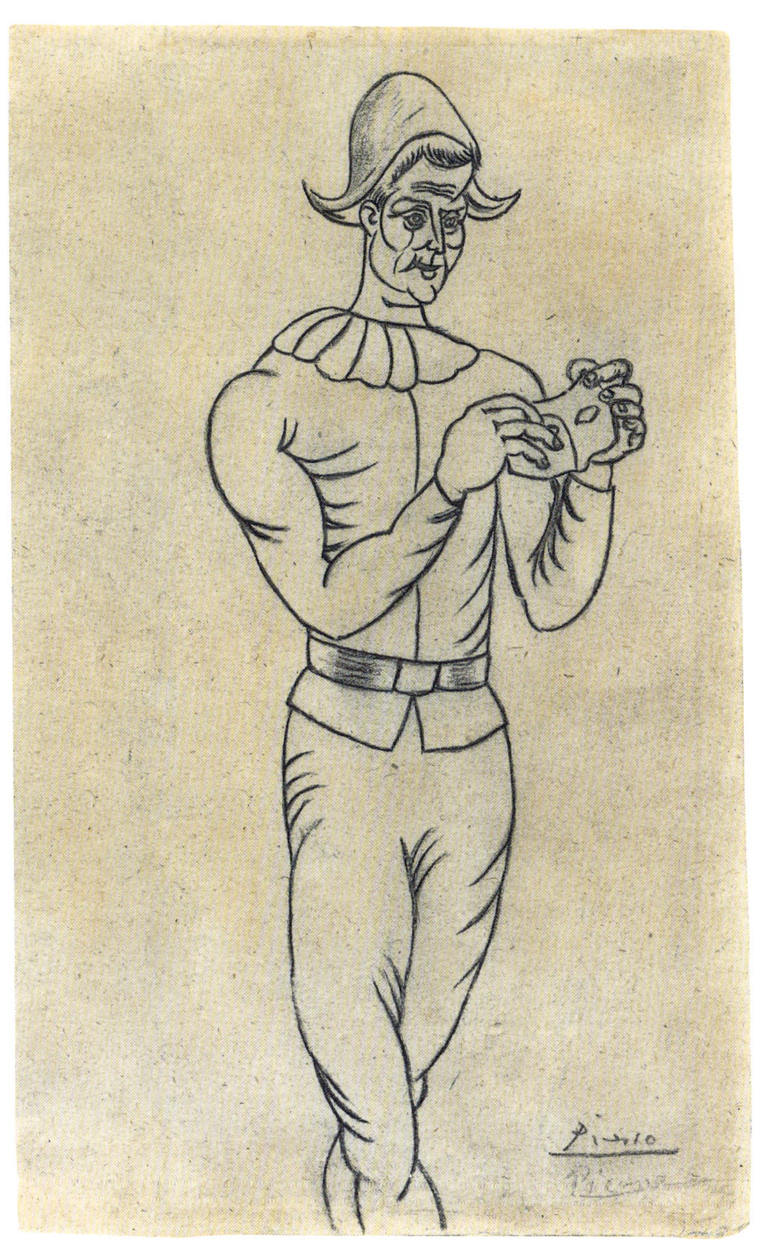

Pablo Picasso
Malaga, 1881 – Mougins, 1973

L'Arlequin
(L'Arlecchino)
The Harlequin
1918

Matita su carta / Pencil on paper
25,7 × 16,4 cm

Museum Berggruen, Neue Nationalgalerie,
Stiftung Preußischer Kulturbesitz,
on loan from the Berggruen family

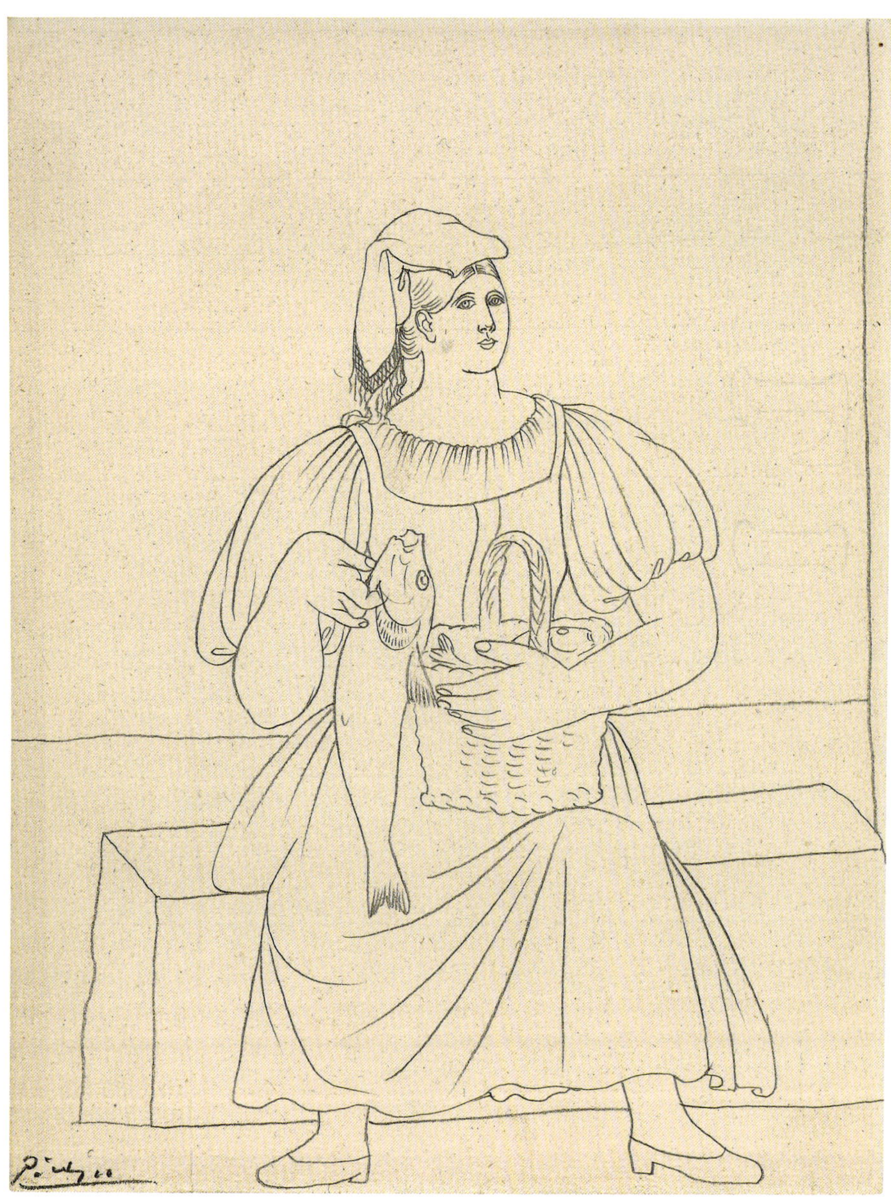

Pablo Picasso
Malaga, 1881 – Mougins, 1973

Napolitaine au Poisson (Poissonnière)
(Napoletana con pesce, la pescivendola)
Neapolitan with fish (The Fishmonger)
1918

Matita su carta / Pencil on paper
22,2 × 16,2 cm

Museum Berggruen, Neue Nationalgalerie,
Stiftung Preußischer Kulturbesitz,
on loan from the Berggruen family

Pablo Picasso
Malaga, 1881 – Mougins, 1973

L'Italienne à la cruche
(L'italiana con la brocca)
Italian Woman with a Jar
1919

Matita su carta / Pencil on paper
66 × 48 cm

Museum Berggruen, Neue Nationalgalerie,
Stiftung Preußischer Kulturbesitz,
on loan from the Berggruen family

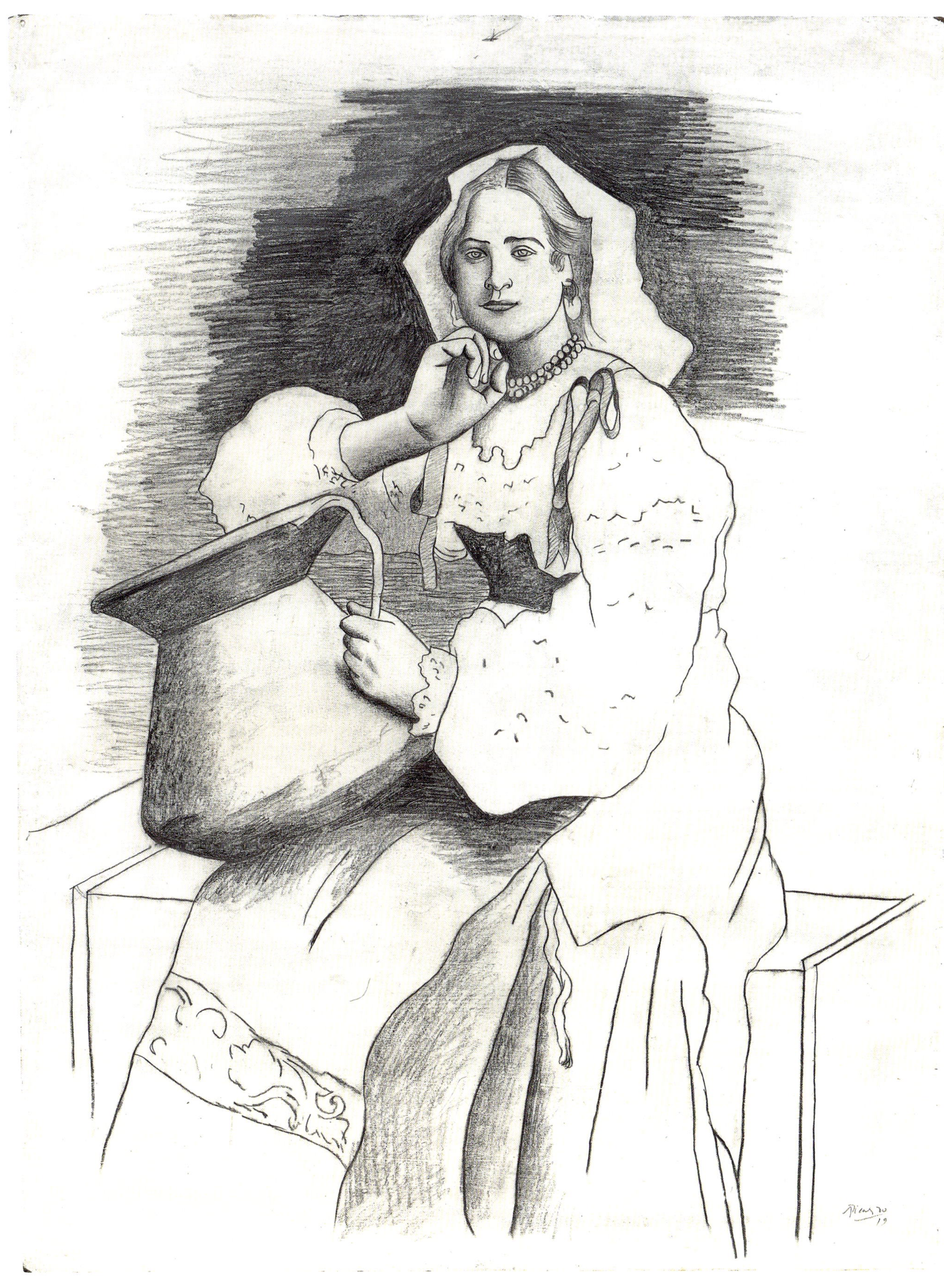

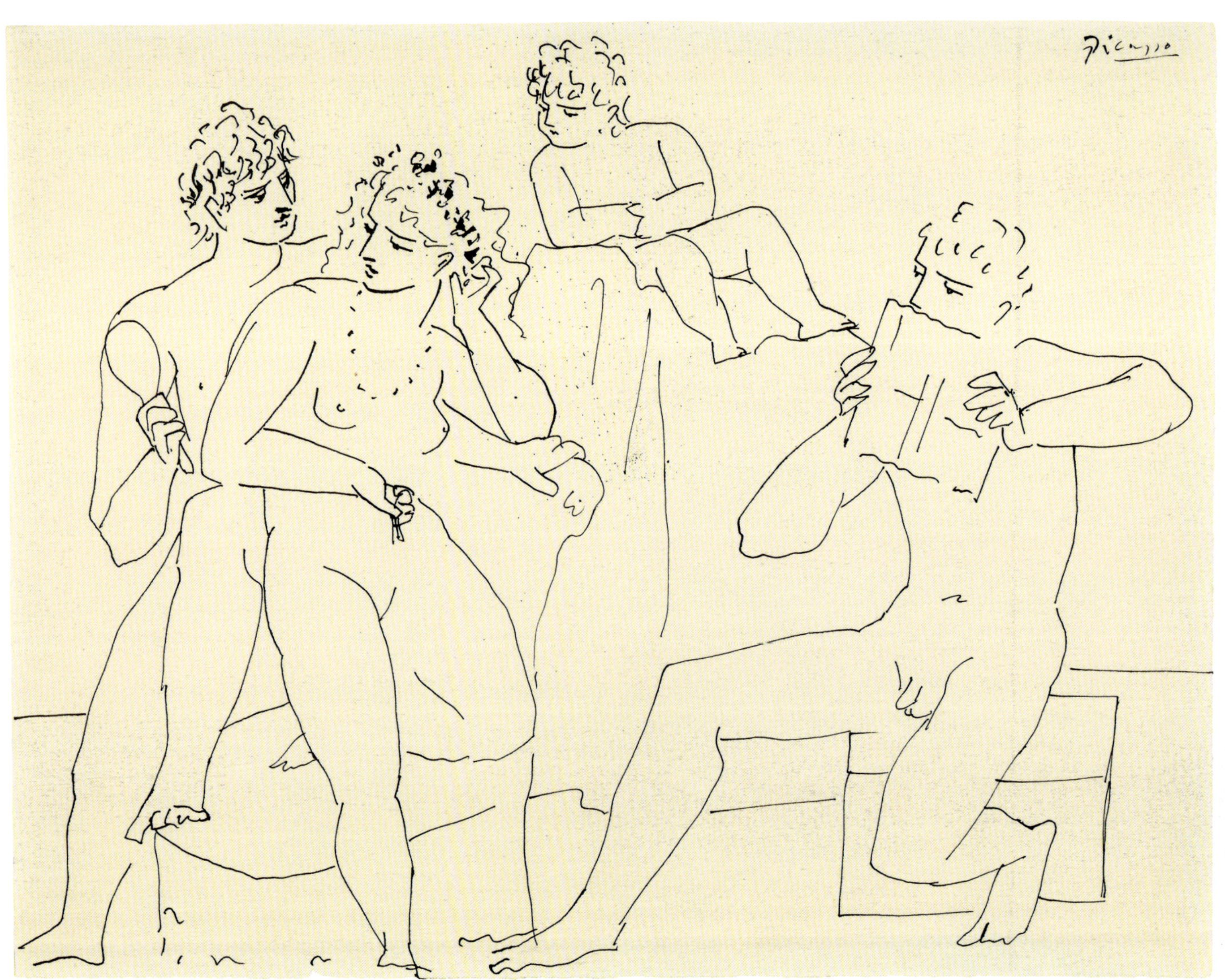

Pablo Picasso

Malaga, 1881 – Mougins, 1973

Jeune homme au miroir, nu, joueur de Flûte de Pan, enfant
(Giovane allo specchio, nudo, suonatore di flauto di Pan, bambino)
Young Man with Mirror, Nude, Panpipes player, Child
1923

Inchiostro su carta/ Ink on paper
24,6 × 31,9 cm

Museum Berggruen, Neue Nationalgalerie,
Stiftung Preußischer Kulturbesitz,
on loan from the Berggruen family

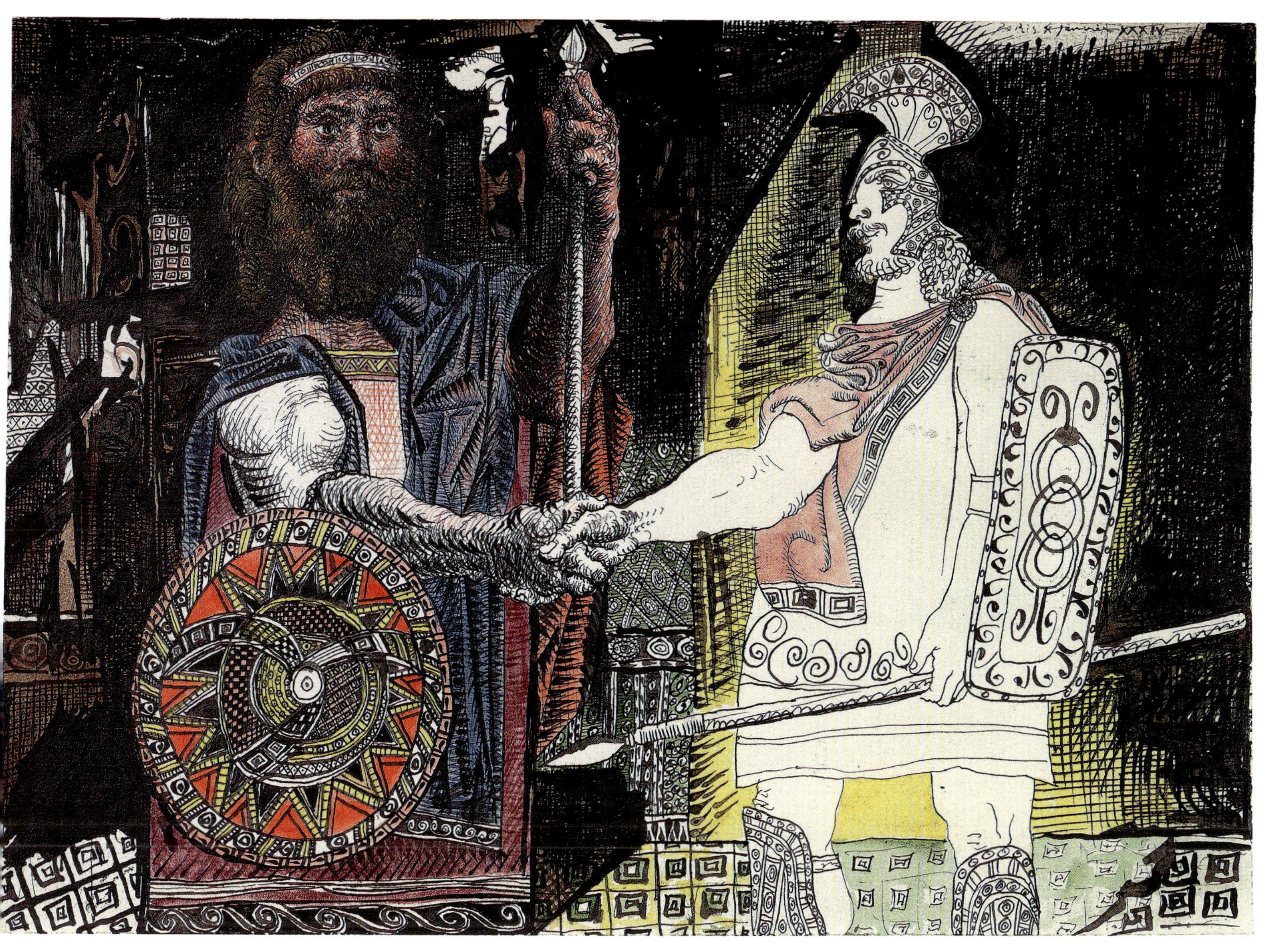

Pablo Picasso

Malaga, 1881 – Mougins, 1973

Lysistrata, La réconciliation d'Athènes avec Sparte
(Lysistrata, La riconciliazione di Atene con Sparta)
Lysistrata, Reconciliation between Athens and Sparta
1934

Inchiostro, gouache e acquerello su carta /
Ink, gouache, and watercolour on paper
24,6 × 34,5 cm

Museum Berggruen, Neue Nationalgalerie,
Stiftung Preußischer Kulturbesitz,
on loan from the Berggruen family

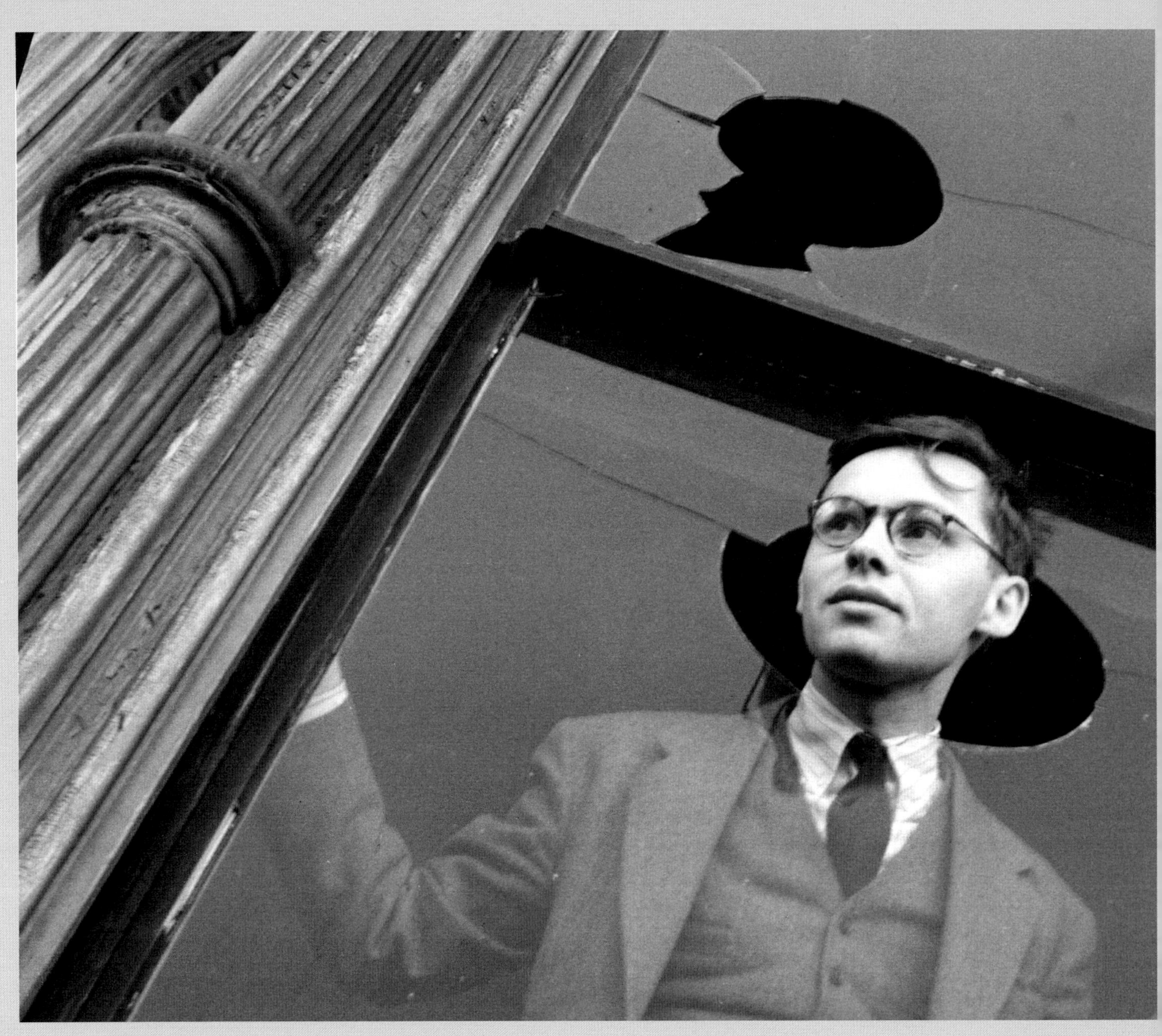

HEINZ BERGGRUEN, LA SUA COLLEZIONE E IL MUSEUM BERGGRUEN DI BERLINO

HIS COLLECTION, AND MUSEUM BERGGRUEN IN BERLIN

**GABRIEL MONTUA E/AND
CAMILLA BRUNAZZO CHIAVEGATO**

**Heinz Berggruen
a San Francisco, 1939**
**Heinz Berggruen
in San Francisco, 1939**

Il Museum Berggruen è l'espressione personale di un singolo collezionista, Heinz Berggruen (1914-2007), ma allo stesso tempo parte costituente della Nationalgalerie appartenente alla Stiftung Preußischer Kulturbesitz, la più grande organizzazione culturale in Germania. Il passaggio dal privato al pubblico è stato descritto dallo stesso Berggruen come «un gesto simbolico, un atto di riconciliazione»[1].

Questo termine – riconciliazione – è particolarmente significativo nella vita di Berggruen e nella sua idea di collezione, come vedremo qui di seguito. Nel 1936, dopo gli studi letterari in Francia, fu costretto a lasciare Berlino, dov'era nato nel 1914, e a fuggire oltreoceano. Giunto all'università di Berkeley con una borsa di studio, si spostò successivamente a San Francisco, dove cercò di perseguire una carriera come giornalista finché non fu assunto da Grace McCann Morley, direttrice del San Francisco Museum of Art. Nel 1944 tornò in Europa nelle vesti di soldato e a Monaco divenne co-redattore della rivista culturale «Heute», creata dagli americani per rieducare il popolo tedesco alla democrazia. Dopo una breve parentesi lavorativa presso l'UNESCO, appena istituito a Parigi, decise di aprire una propria galleria d'arte, per la quale trovò, nel 1950, uno spazio permanente in rue de l'Université 70. Nella capitale francese incontrò molte delle personalità artistiche più importanti del XX secolo: da Pablo Picasso a Joan Miró, Henri Matisse e Alberto

Museum Berggruen is both the personal expression of a single person, Heinz Berggruen (1914–2007), as well as an institutional part of Nationalgalerie, State Museums Berlin and the Prussian Heritage Foundation, the largest cultural organization in Germany. Berggruen himself described the transition from private to public as "[...] a symbolic gesture, a gesture of reconciliation."[1]

Reconciliation is a significant theme in Berggruen's life as well as in his vision of the collection, as this brief summary will show. In 1936, following his literary studies in France, he had to flee from his home in Berlin. His escape led him to Berkeley University where he benefited from a grant, and later to San Francisco, where he tried to continue his career as a journalist before being hired by Grace McCann Morley, director of the San Francisco Museum of Art. He came back to Europe in 1944 as an American soldier to work in Munich as co-editor of the cultural magazine *Heute*, designed by the Americans to re-educate the German population about democracy. After a short stop to work at the newly established UNESCO in Paris, he set up an art gallery for which he found a permanent space at 70 rue de l'Université in 1950. In the French capital, he met many of the most important artistic personalities of the twentieth century, from Pablo Picasso to Joan Miró, Henri Matisse, and Alberto Giacometti, from the art patron Gertrude Stein to the art dealers Daniel-Henri Kahnweiler and Louise

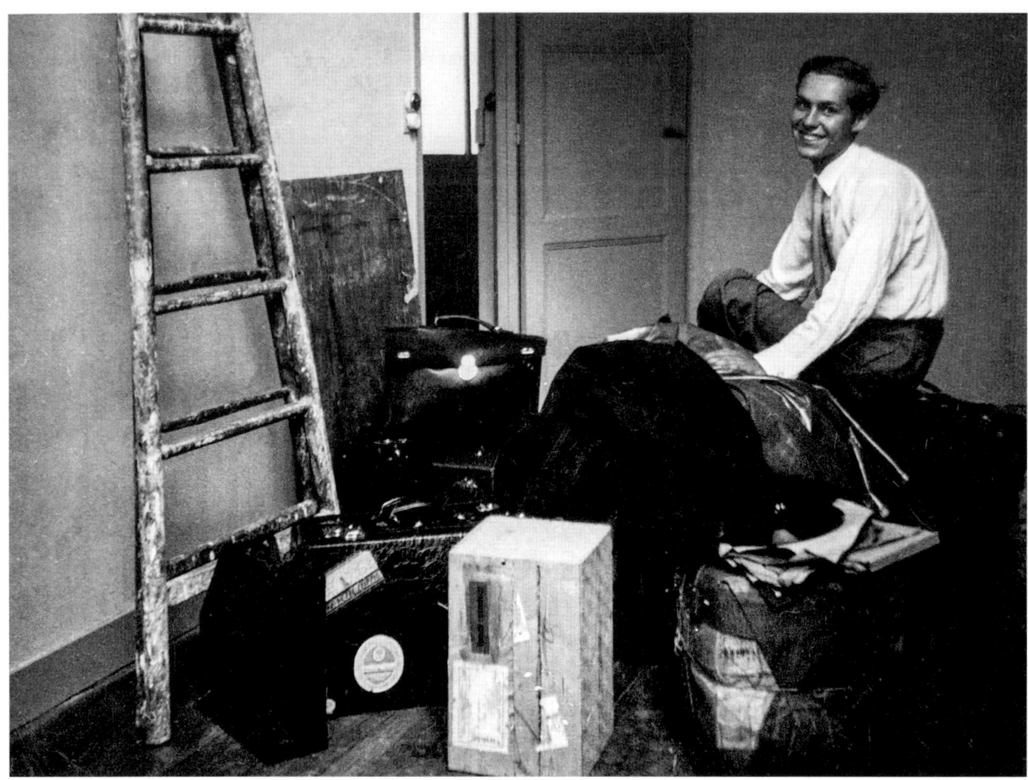

Heinz Berggruen negli Stati Uniti negli anni quaranta
Heinz Berggruen in the U.S., 1940s

Giacometti, dalla mecenate Gertrude Stein ai galleristi Daniel-Henri Kahnweiler e Louise Leiris, ma anche Tristan Tzara e Paul Éluard, due poeti e mediatori tra artisti e mercanti d'arte. Grazie alla sua capacità di selezionare con gusto, sensibilità, fermezza, senso della qualità e conoscenza del mercato, riuscì a integrarsi pienamente nella scena artistica del secondo dopoguerra, approfittando di un periodo in cui le opere d'arte erano disponibili in grande quantità.

Dopo essersi ritirato dall'attività di mercante nel 1980, Berggruen si concentrò maggiormente sulla propria collezione privata. Oltre al desiderio di farla evolvere dinamicamente, egli cominciò a sentire anche la necessità di renderla accessibile al pubblico, perché, come spiegato nella sua autobiografia, era convinto che le opere d'arte chiedessero proprio questo:

«... i quadri esigono qualcosa di più, non vogliono morire della propria bellezza, sotto terra, in una cassaforte con l'aria condizionata, voglioni essere ammirati, vogliono essere fonte di meditazione e di una più intensa gioia di vita. Beethoven e Mozart non hanno composto la loro musica solo per essere "letti" da musicologi competenti. L'opera d'arte ha bisogno del contatto con la gente, tanto in musica quanto in

Leiris, but also Tristan Tzara and Paul Éluard, two poets and mediators between artists and dealers. His ability to select works with the right taste, sensitivity, resolution, sense of quality, and knowledge of the art market guaranteed Berggruen's full integration in the post-World War II art scene, where artworks were available in large quantities.

After retiring from his activity as an art dealer in 1980, Berggruen decided to spend more time focusing on his private collection. Along with the dynamic evolution of it, Berggruen felt the need to make it accessible to the public, since he believed it was the purpose of the artworks themselves, as stated in his autobiography:

"They want people to look at them and enjoy them, they want to inspire meditation and enhance our life experience. Beethoven and Mozart did not compose their works to be 'read' exclusively by professional musicologists. The creative works of a composer need contact and rapport with the public in the field of music. The situation is no different in the case of paintings. The paintings in my collection are all registered in my mind. I have stored them like memories, I live in the consciousness of their

Prima mostra dei *papiers découpés* di Henri Matisse, alla Galerie Berggruen di Parigi, 1953 (con un lampadario di Alberto Giacometti)
First exhibition of Henri Matisse's *papiers découpés,* at Galerie Berggruen in Paris, 1953 (with a chandelier by Alberto Giacometti)

pittura. I quadri che possiedo sono tutti "registrati" nella mia testa. Li conservo come fossero dei ricordi, vivo nella coscienza della loro esistenza. Ma solo il fatto che vengano esposti in un luogo pubblico significa per me che respirano. Attraverso il rapporto che instaurano con terzi, anche il legame con me diventa più stretto, più intenso»[2].

Guidato da quest'idea, nel 1984 donò novanta opere di Paul Klee al Metropolitan Museum di New York, con lo scopo di mantenere intatta la collezione all'interno di uno dei più rinomati musei enciclopedici. I pezzi salienti della sua collezione furono presentati per la prima volta nel loro complesso al Musée d'art et d'histoire di Ginevra nel 1988, poi, dal 1991 al 1996, presso la National Gallery di Londra. Successivamente furono trasferiti a Berlino per essere esposti nello stesso luogo dove sono ospitati oggi: lo Stülerbau, edificio neoclassico che deve il suo nome all'architetto Friedrich August Stüler, responsabile dei lavori di costruzione. Terminato nel 1859, e attualmente in fase di ristrutturazione, questo edificio fu inizialmente caserma delle Gardes du Corps, le guardie del corpo della famiglia reale prussiana, residente nel castello di Charlottenburg sul lato opposto della strada. Sessant'anni dopo la fuga forzata di Heinz Berggruen da Berlino, le intime stanze dello Stülerbau sembravano fatte su misura per ospitare la sua collezione personale, chiamata *Picasso e il suo tempo*[3].

La Stiftung Preußischer Kulturbesitz, convinta della qualità della collezione, decise di acquistarla per la Nationalgalerie, utilizzando fondi governativi,

existence. However, it is only when they are shown in a public place that I have the feeling that they are breathing. And their relationship to others also elevates and intensifies the rapport between my works and myself."[2]

With this intention in mind, in 1984, he donated ninety works by Paul Klee to the Metropolitan Museum in New York, in order to keep the collection intact inside one of the world's most renowned encyclopedic museums. The first comprehensive presentation of his collection's highlights took place at Musée d'Art et d'Histoire de Genève in 1988 and at the National Gallery in London from 1991 to 1996, before it moved on to Berlin. It was presented in the same building that is still its home today, called Stülerbau, after the name of the architect Friedrich August Stüler who led the construction of this neoclassical edifice finished in 1859, and which is currently undergoing a thorough renovation. It was initially used as barracks for the Gardes du Corps of the Royal Prussian family in Charlottenburg Castle on the other side of the street. Sixty years after Berggruen's forced escape from Berlin, it seemed tailor-made to house, in its intimate rooms, his personal collection, titled *Picasso and His Time.*[3]

The Prussian Heritage Foundation was so convinced by the quality of the collection that it decided to acquire it for the Nationalgalerie. In order to do so, funds from the federal German and local Berlin governments were needed. For Berggruen, discussions about the acquisition of his collection forced him for the very first time to think about his

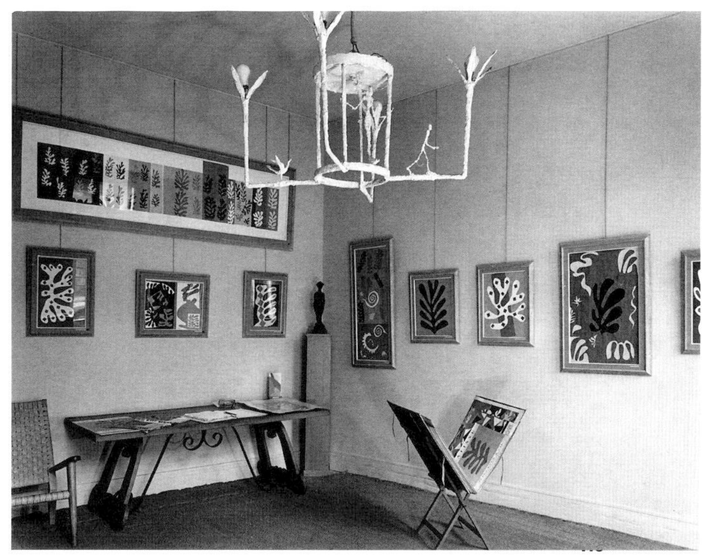

Heinz Berggruen alla sua scrivania presso la Galerie Berggruen al numero 70 di rue de l'Université a Parigi, 1960
Heinz Berggruen at his desk at Galerie Berggruen at 70 rue de l'Université in Paris, 1960

federali e locali. Le trattative per l'acquisizione costrinsero Berggruen a considerare per la prima volta la collezione come non più fluida, un'ottica molto diversa rispetto al passato, quando nella sua galleria veniva esibita una più ampia gamma di artisti. Molte opere presenti nel museo sono state acquistate due volte nel corso della sua vita, quindi a un certo punto sono state vendute e poi, a distanza di anni, ricomprate[4]. Prima che l'acquisizione fosse completata alla fine del 2000, Berggruen rifletté bene su ciò che stava lasciando alla città di Berlino: una raccolta da tramandare ai posteri, complementare rispetto ad altre collezioni di arte moderna epurate dai nazisti. Decise che l'accento doveva essere sul XX secolo, ovvero il suo secolo e quello della maggior parte degli artisti con cui aveva rapporti personali e collezionistici. Di conseguenza, pittori come Vincent van Gogh e Georges Seurat, chiaramente appartenenti al XIX secolo, furono alienati per fare spazio ad altri lavori di Picasso, proprietà di Paul Rosenberg e Dora Maar, e alle opere tardive di Klee. Un caso particolare è rappresentato da Cézanne, artista del XIX secolo (morto nel 1906), ma considerato precursore dell'arte moderna del Novecento. Come ha scritto Berggruen: «Nomino al primo posto Cézanne, che Picasso definiva "il padre di noi tutti", perché né il cubismo né la strada che ha portato all'astrazione [...] sarebbero concepibili senza il maestro di Aix»[5]. Le opere di Cézanne non rientrarono nella vendita allo Stato tedesco, ma, come prestiti permanenti della famiglia Berggruen, rimasero esposte con le altre all'interno del museo. In definitiva, la collezione, che assunse forma istituzionale a Berlino, era improntata a un modernismo classico. Berggruen, infatti, riteneva che «sicuramente i classici del moderno, l'arte che Picasso, Klee, Matisse, Giacometti e altri artisti dell'epoca ci hanno regalato, troveranno posto nella grande serie di artisti che va da Giotto a Piero della Francesca fino a Vermeer e Rembrandt, a Ingres e Delacroix, Van Gogh e Cézanne»[6].

Nella collezione si riflettono i gusti e la sensibilità del suo creatore. Sebbene non manchino opere puramente astratte, a costituire il nucleo principale sono opere narrative e figurative di un ristretto gruppo di artisti tra i più iconici e cosmopoliti del XX secolo, inclusa una selezione di sculture africane. Parliamo di figure solitarie, ma che si sono ispirate a vicenda: Pablo Picasso, Paul Klee, Alberto Giacometti, Henri Matisse, Paul Cézanne, Georges Braque,

collection not as something fluid, as he had done in the past when he used to exhibit a very diverse range of artists in his gallery. Quite a few works of Museum Berggruen's collection were acquired twice by Berggruen during his life, meaning he had sold it at some point, then, many years later, reconsidered his decision and bought back the same work.[4] Before the sale was completed at the end of the year 2000, Berggruen had to think of the collection he would leave in Berlin as something to be handed down to posterity, complementing the city's collections of modern art that had been purged by the Nazis. He decided it should be a collection of the twentieth century, which was his century and the century of most of the artists he not only collected but also had personal ties to. Accordingly, artists like Vincent van Gogh or Georges Seurat, who clearly belonged to the nineteenth century, were taken out of the collection to make way for the acquisition of additional artworks by Picasso from Paul Rosenberg's and Dora Maar's estates, together with Klee's late works. Paul Cézanne is a special case: despite his passing away in 1906 and being a nineteenth-century artist, he is considered the father of twentieth-century modern art, as Berggruen wrote: "[...] let me start with Cézanne, whom Picasso referred to as 'the father of us all,' because neither Cubism nor the path to abstraction [...] are conceivable without Cézanne's pioneering work."[5] The works by Cézanne were not part of the sale to the German State, but they continued to be presented within Museum Berggruen's collection as permanent loans from the Berggruen family. In conclusion, the shape that Berggruen wanted to give to his collection, becoming institutionalized in Berlin, was one of classical modernism, which is "[...] embodied in the paintings and sculptures given us by Picasso, Klee, Matisse, Giacometti and his fellow artists, who would assume a permanent place alongside the masterpieces of Giotto and Piero della Francesca, Vermeer and Rembrandt, Ingres, Delacroix and the Impressionists."[6]

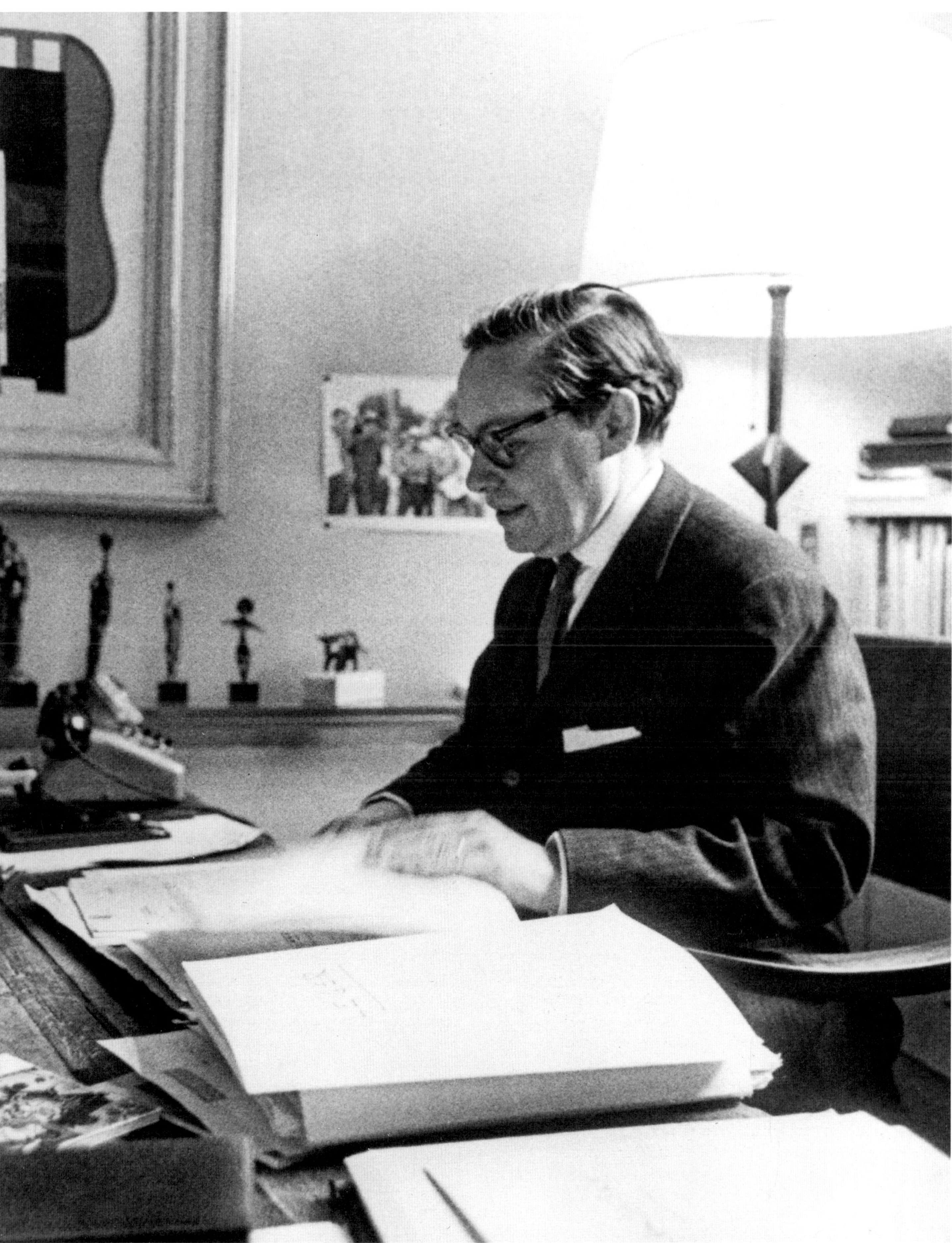

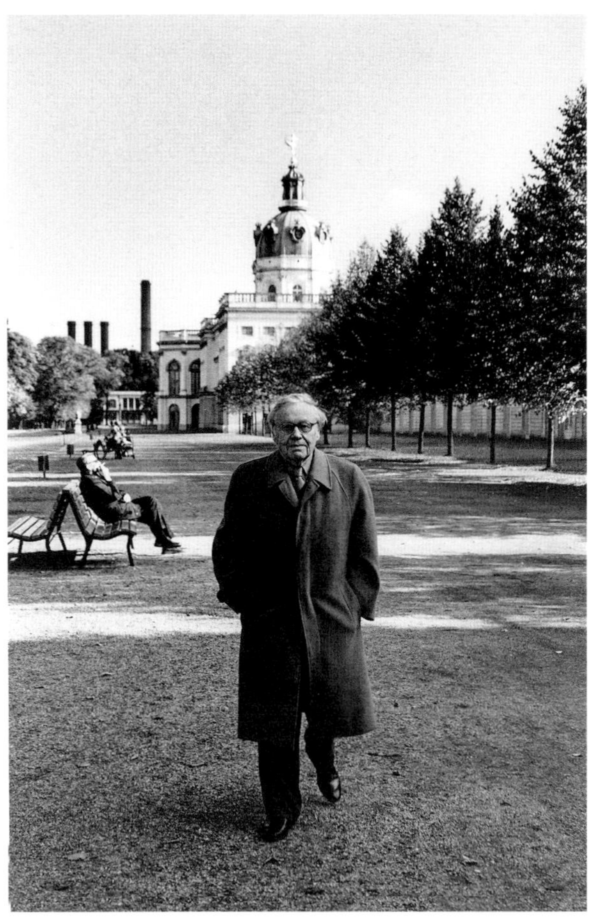

Heinz Berggruen al Palazzo di Charlottenburg a Berlino, 1999
Heinz Berggruen at Charlottenburg Palace in Berlin, 1999

compagno cubista di Picasso, Henri Laurens, scultore francese sempre di matrice cubista. L'enfasi è in particolare sui primi quattro artisti. Di Picasso e Klee, Berggruen ha esplorato diverse fasi, comprendendo prospettive e media insoliti: dalle composizioni su carta (gouache, acquerelli, disegni) ai dipinti a olio, fino agli assemblaggi scultorei del maestro spagnolo[7]. Come afferma Gary Tinterow nel catalogo givernino, «una volta che [Berggruen] ha risposto all'artista, cerca di essere il più rappresentativo possibile del lavoro di quell'individuo»[8].

Heinz Berggruen conosceva personalmente la maggior parte degli artisti che collezionava, il suo interesse non era solo per l'opera artistica, ma anche per la loro persona, legata a un suo mondo di ricordi. L'unico artista della sua generazione che non riuscì mai a incontrare fu Paul Klee (1879-1940) o «il maestro della musica da camera», metafora che lo stesso Berggruen utilizzava per distinguerlo da Picasso, che, per estensione, potremmo definire il virtuoso delle sinfonie[9]. Proprio con Klee iniziò l'attività collezionistica di Berggruen, che nel 1940 acquistò l'acquerello *Perspectiv-Spuk* (1920, Metropolitan

The selection reflects the tastes and sensibility of its collector. Though containing also purely abstract works, the majority are narrative and figurative pieces from a small selection of iconic, cosmopolitan artists of the twentieth century. They are all solitary but reciprocally inspiring figures: Picasso, Klee, Giacometti, Matisse, Cézanne, Picasso's fellow in cubism Georges Braque, the French sculptor of Cubist inspiration Henri Laurens, and a selection of African sculptures. The emphasis on the first four individual artists led Berggruen to explore Picasso's and Klee's artistic phases from unusual perspectives and media, from compositions on paper (gouaches, watercolors, drawings) to oil paintings and Picasso's sculptural assemblages.[7] As Gary Tinterow argues in the Geneva catalog, "[...] once [Berggruen] has responded to the artist, he tries to be as representative of that individual's work as he can."[8]

Furthermore, Berggruen was personally acquainted with most of the artists he collected, demonstrating his interest not only in their art but also in them individually, connected to a world of memories. The only artist from his generation he could not meet was Klee or "the master of chamber music," a metaphor Berggruen used to distinguish him from Picasso, who—to extend this metaphor—could be called the virtuoso of symphonies.[9] Klee marked the beginning of Berggruen's collecting activity when, in 1940, Berggruen purchased his watercolor *Perspectiv-Spuk* (*Phantom Perspective*, 1920, Metropolitan Museum, New York), which would become his talisman and the foundation of his collection. As argued by Peter-Klaus Schuster, Berggruen's interest initially reflected a form of nostalgia for his homeland

Vista del Museum Berggruen, Western Stülerbau dall'angolo su Spandauer Damm
View of Museum Berggruen, Western Stülerbau taken from the corner on Spandauer Damm

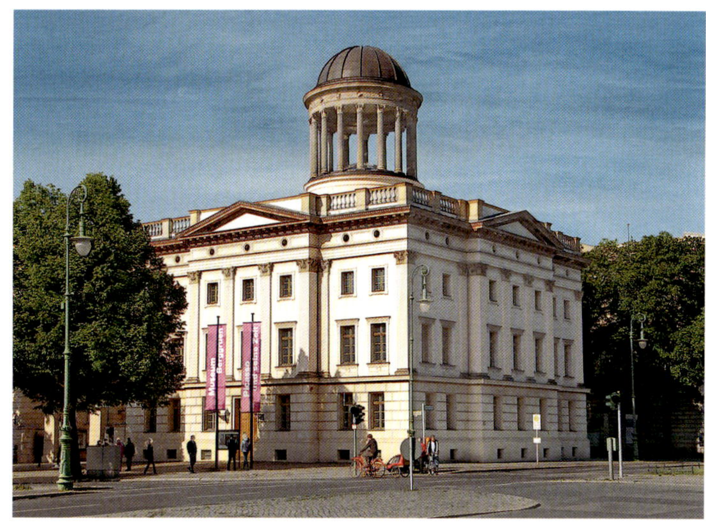

Museum of Art, New York), destinato a diventare una specie di talismano e la prima pietra della sua collezione. Come osservato da Peter-Klaus Schuster, l'interesse per Klee rifletteva inizialmente una forma di nostalgia per la madrepatria e si trasformò solo in seguito in una passione[10]. Nelle parole di Berggruen: «[Questo acquerello] era un'opera tipica dell'artista, che per la sua ricchezza d'ispirazione e per la sua sensibilità mi ricordava Kafka, che avevo ugualmente scoperto da poco. [...] Associai subito questa prospettiva spaziale al *Castello* di Kafka»[11]. Anche più tardi Berggruen continuò ad amare in modo particolare il carattere letterario e introverso dell'arte di Klee. Collezionò non solo le sue miniature fantasmagoriche e umoristiche, ma anche i misteriosi disegni figurativi, gli studi astratti realizzati durante gli anni di insegnamento al Bauhaus e gli ultimi acquerelli in cui trionfa la linea grafica[12]. Il Museum Berggruen offre pertanto una visione unica dei periodi più produttivi di Klee, con settanta opere che comprendono capolavori provenienti dalle collezioni del poeta Paul Éluard, dello storico d'arte Douglas Cooper e della mecenate Marie-Laure de Noailles.

Nonostante la predilezione per Klee, è però Pablo Picasso (1881-1974) l'artista più presente nella carriera e, con oltre centoventi opere, nella collezione di Berggruen. Egli lo conobbe a Parigi grazie al poeta dadaista Tristan Tzara e subito iniziò a collezionare

and, only later, it became a passion.[10] In Berggruen's words: "[This watercolor] was a typical Klee, and its fabulous, whimsical world, its wealth of ideas and its sensitivity reminded me of Kafka, whom I had also just discovered at the time. [...] I immediately associated the singular atmosphere of this perspective view of a room with Kafka's *Trial*."[11] Even later in his life, Berggruen was particularly fond of the literary and introverted character of Klee's art. He collected both his phantasmagorical, humorous miniatures and mysterious, figurative drawings, his abstract studies made during his Bauhaus teaching years, and his final watercolors in which Klee's graphic line triumphs.[12] Therefore, Museum Berggruen offers a unique insight into Klee's most productive periods in seventy works, with masterpieces coming from the collections of the poet Paul Éluard, art historian Douglas Cooper, and art patron Marie-Laure de Noailles.

Despite the predilection for Klee, Picasso is the most featured artist in Berggruen's career and collection with more than 120 pieces. After he met Picasso in Paris thanks to the Dadaist poet Tristan Tzara, Berggruen began collecting his artworks. In the 1960s, the dealer managed to secure an exclusive agreement with Picasso for selling part of his production of prints. Moreover, Berggruen would visit the exiled Spanish artist in Southern France until the end of Picasso's life. His sympathies for Picasso,

i suoi lavori. Negli anni sessanta riuscì a ottenere un accordo esclusivo per vendere parte della sua produzione di stampe. Berggruen faceva regolarmente visita all'artista spagnolo esiliato nel sud della Francia, un'abitudine che proseguì fino alla morte di Picasso. Questa simpatia era forse dovuta alla comune esperienza di esuli, o almeno così si potrebbe ipotizzare. Di certo il mercante e collezionista non era affascinato solo dall'arte picassiana, ma anche dalla sua personalità carismatica: «L'opera di Picasso, nella sua diversità e ricchezza, è l'autobiografia più appassionante che un grande artista ci abbia mai lasciato. Regista e protagonista allo stesso tempo, egli ha girato il film della sua vita, con un realismo impietoso e una poesia di cui solo lui fu capace»[13]. Per le ragioni sopra illustrate, il percorso artistico e biografico di Picasso può essere seguito passo dopo passo all'interno del Museum Berggruen, che offre una panoramica completa della sua opera attraverso nove decenni (dal 1897 al 1972).

Berggruen incontrò anche l'anziano Henri Matisse (1869-1954), che aveva già ammirato presso il San Francisco Museum of Art. A spiccare nel museo di Berlino è la folta rappresentanza di *papiers découpés* dell'ultimo periodo. Nel 1953, quando altri manifestavano ancora una certa riluttanza, fu proprio Berggruen a organizzare nella sua galleria la prima personale di *papiers découpés* di Matisse[14]. In queste iconiche opere tardive del maestro vedeva un'assoluta armonia di forme e colori, tanto da affermare: «Sono pochi gli artisti del nostro tempo che, come Matisse, sono riusciti a marcare la loro opera completa con un accordo finale così forte e impressionante. [...] Ai miei occhi, le silhouette si muovono al margine dell'astrazione, hanno un che di magico, difficile da definire. Il loro linguaggio è profondamente poetico e allo stesso tempo monumentale»[15].

one could argue, was due to their shared experience of exile. What is for sure is that Berggruen had as much fascination for Picasso's art as for his charismatic personality:

"[...] in both diversity and richness, Picasso's life work represents the most exciting autobiography that any great artist has ever bequeathed us. Simultaneously playing the role of director and leading actor, he effectively made the film documenting his own life, a film as mercilessly realistic as it is poetic, and as only he could have done it."[13]

For these reasons, Picasso's artistic and biographical development can be followed step by step in the collection of Museum Berggruen, which offers a comprehensive overview of Picasso's oeuvre spanning nine decades (from 1897 to 1972).

Finally, Berggruen would also encounter the elderly Matisse, whose art he had already appreciated at the San Francisco Museum of Art. One will notice the strong representation of late *papiers découpés* in Museum Berggruen's collection. The art dealer organized the very first solo exhibition of Matisse's cut-outs in his gallery in 1953, at a time when other dealers were more reluctant.[14] Berggruen appreciated the absolute harmony of form and color in Matisse's iconic late works, since "[...] very few artists of our time have succeeded in crowing their own oeuvre with such a powerful and impressive final chord as Matisse. [...] Their language is profoundly lyrical and, at the same time, monumental."[15]

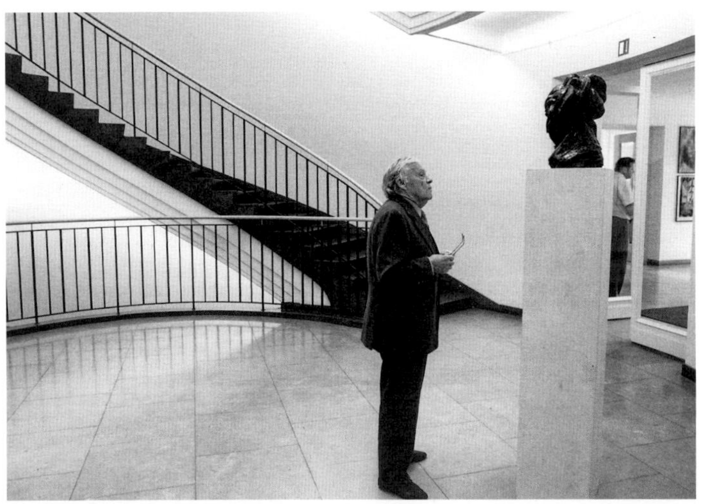

Heinz Berggruen nella rotonda del Museum Berggruen di Berlino con *Testa di donna* di Pablo Picasso (1909), 1999
Heinz Berggruen in the rotunda of Museum Berggruen in Berlin with Pablo Picasso's *Head of a Woman* (1909), 1999

1 H. Berggruen, *Strada principale e strade secondarie. Memorie di un collezionista*, trad. C. Galvani, Torino, Fondazione Torino Musei, 2000, p. 27.
2 Ivi, p. 224.
3 Ivi, p. 27.
4 Alcuni esempi si trovano in *Biografien der Bilder. Provenienzen im Museum Berggruen*, catalogo della mostra (Berlino, Museum Berggruen/Nationalgalerie, 22 novembre 2018 - 19 maggio 2019), a cura di P. Winter, D. Kachel, S. Haase, Berlino 2018, p. 151 (Picasso, *Verre, bouquet, guitare et bouteille*, 1919), p. 158 (Picasso, *Portrait de Nusch*, 1937), p. 168 (Paul Klee, *Galgenhumor*, 1919), p. 169 (Klee, *Den Fischen läuten*, 1919), p. 170 (Klee, *Schwarzmagier*, 1920; Klee, *Erwachende*, 1920), p. 174 (Klee, *Rot-Stufung*, 1921), p. 176 (Klee, *zwei Kräfte*, 1922
5 H. Berggruen, *Strada principale e strade secondarie*, cit., p. 201.
6 Ivi, p. 225.
7 Da O. Berggruen, *My Father Heinz Berggruen*, in *Museum Berggruen. Nationalgalerie Staatliche Museen zu Berlin. Picasso and his time*, a cura di H.J. Papies, K. Zacharias, E. Morawietz, Berlin 2013 (prima ed. 1996), p. 17.
8 G. Tinterow, *Heinz Berggruen collectionneur*, in *Collection Berggruen*, catalogo della mostra (Ginevra, Musée d'art et d'histoire, 16 giugno - 30 ottobre 1988), a cura di S. de Pury, Génève-Milano 1988, p. 11.
9 Da J. Stourton, *Great Collectors of Our Time. Art Collecting Since 1945*, London, 2008, p. 265.
10 P.-K. Schuster, *Heinz Berggruen et sa collection, un miracle pour Berlin*, in *Picasso/Berggruen. Une collection particulière*, catalogo della mostra, Parigi, Musée National Picasso, 20 settembre 2006 - 8 gennaio 2007), a cura di A. Baldassari, P.-K. Schuster, P. Daix, H. Berggruen, Paris 2006, p.n.n.
11 H. Berggruen, *Strada principale e strade secondarie*, cit., p. 83.
12 A. Kagan, *Paul Klee. Art and Music*, Ithaca 1983, p. 129.
13 H. Berggruen, *Strada principale e strade secondarie*, cit., p. 214.
14 K. Zacharias, *The Berggruen Collection*, in *Museum Berggruen*. Nationalgalerie, cit., p. 13.
15 K. Schuster, *Heinz Berggruen et sa collection*, cit., p.n.n.; H. Berggruen, *Strada principale e strade secondarie*, cit., pp. 193-194.

1 Heinz Berggruen, *Highway and Byways*, trans. Robin Benson (Northamptonshire: Pilkington Press, 1998), 22.
2 Ibid., 186–187.
3 Ibid., 22.
4 Some examples can be found in Petra Winter, Doris Kachel, Sven Haase, ed., *Biografien der Bilder. Provenienzen im Museum Berggruen*, exhibition catalog, Berlin, Museum Berggruen / Nationalgalerie, November 22, 2018–May 19, 2019 (Berlin: Deutscher Kunstverlag, 2018), 151 (Picasso, *Verre, bouquer, guitare et bouteille*, 1919); 158 (Picasso, *Portrait de Nusch*, 1937); 168 (Paul Klee, *Galgenhumor*, 1919); 169 (Klee, *Den Fischen läuten*, 1919); 170 (Klee, *Schwarzmagier*, 1920; Klee, *Erwachende*, 1920); 174 (Klee, *Rot-Stufung*, 1921); 176 (Klee, *zwei Kräfte*, 1922).
5 Berggruen, *Highway and Byways*, 169.
6 Ibid., 191.
7 Mentioned by Olivier Berggruen, "My Father Heinz Berggruen," in *Museum Berggruen. Nationalgalerie Staatliche Museen zu Berlin. Picasso and His Time*, ed. Hans Jürgen Papies, Kyllikki Zacharias, Eva Morawietz (Berlin: Nationalgalerie, Staatliche Museen zu Berlin, 2013), 17.
8 Gary Tinterow, "Heinz Berggruen collectionneur," in *Berggruen Collection*, exhibition catalog, Geneva, Musée d'Art et d'Histoire, June 16–October 30, 1988, ed. Simon de Pury (Milan: Electa, 1988), 11.
9 Quoted in James Stourton, *Great Collectors of Our Time: Art Collecting Since 1945* (London: Scala, 2007), 265.
10 Peter-Klaus Schuster, "Heinz Berggruen et sa collection – un miracle pour Berlin," in *Picasso/Berggruen. Une collection particulière*, exhibition catalog, Paris, Musée National Picasso, September 20, 2006–January 8, 2007, ed. Anne Baldassari, Peter-Klaus Schuster, Pierre Daix, Heinz Berggruen (Paris: Flammarion, 2006).
11 Berggruen, *Highway and Byways*, 67.
12 Andrew Kagan, *Paul Klee: Art and Music* (Ithaca, NY: Cornell University Press, 1983), 129.
13 Berggruen, *Highway and Byways*, 179.
14 Kyllikki Zacharias, "The Berggruen Collection," in *Museum Berggruen. Nationalgalerie Staatliche Museen zu Berlin. Picasso and His Time*, 13.
15 Peter-Klaus Schuster, "Heinz Berggruen et sa collection"; Berggruen, *Highway and Byways*, 163.

BIBLIOGRAFIA SELEZIONATA
SELECTED BIBLIOGRAPHY

Museum Berggruen

1967
Giles Allen, *Americans in Europe. Heinz Berggruen*, in «Réalités, American edition», 199, giugno | June 1967

1985
Stuart Greenspan, *Berggruen's Picassos*, in «Art & Auction», VII, 9, aprile | April 1985

1988
Berggruen Collection, cat. mostra | exh. cat. (Génève, Musée d'art et d'histoire, 16/06 - 30/10/1988), a cura di | ed. by S. de Pury, Génève-Milano 1988

Sabine Rewald, *Paul Klee: The Berggruen Klee Collection in The Metropolitan Museum of Art*, New York 1988

Gary Tinterow, *Heinz Berggruen collectionneur*, in *Berggruen Collection*, cat. mostra | exh. cat. (Génève, Musée d'art et d'histoire, 16/06 - 30/10/1988), a cura di | ed. by S. de Pury, Génève-Milano 1988, pp. 11-17

1991
Van Gogh to Picasso. The Berggruen Collection at the National Gallery, cat. mostra | exh. cat. (London, National Gallery, 1991-1996), a cura di | ed. by R. Kendall, London 1991

1996
"Deutschland dankt Ihnen", Ansprachen zur Eröffnung der Sammlung Berggruen – Picasso und seine Zeit, a cura di | ed. by Werner Knopp, in «Jahrbuch Preußischer Kulturbesitz», XXXIII/1996, 1997, pp. 37-62 (articoli di | speechs by Eckart Werthebach, Roman Herzog, Eberhard Diepgen, Heinz Berggruen)

1998
H. Berggruen, *Highway and Byways*, trad. | trans. R. Benson, Northamptonshire 1998

1999
Gabriele Struck, *Sammlung Berggruen. Museumsführer für Kinder*, a cura di | ed. by Waldtraut Braun, Berlin 1999

2000
Hans Jürgen Papies, *Ständig wachsend: Die Sammlung Berggruen*, in «Jahrbuch Preußischer Kulturbesitz», XXXVI/1999, 2000, pp. 249-264

2001
Hans Jürgen Papies, *Sammlung Berggruen. Picasso und seine Zeit, in Die Nationalgalerie*, a cura di | ed. by Peter-Klaus Schuster, Berlin-Köln 2001, pp. 248-273

Gabriele Struck, *Sammlung Berggruen. Museumsführer für Kinder*, a cura di | ed. by Waldtraut Braun, Berlin 2001

2006
Peter-Klaus Schuster, *Heinz Berggruen et sa collection – un miracle pour Berlin*, in *Picasso/ Berggruen. Une collection particulière*, cat. mostra | exh. cat. (Paris, Musée National Picasso, 20/09/2006 - 8/01/2007), a cura di | ed. by A. Baldassari, P.-K. Schuster, P. Daix, H. Berggruen, Paris 2006, pp. 10-20

2007
James Stourton, *Great Collectors of Our Time. Art Collecting since 1945*, London 2007, pp. 264-267

2013
Olivier Berggruen, *My Father Heinz Berggruen*, in *Museum Berggruen. Nationalgalerie Staatliche Museen zu Berlin. Picasso and his time*, a cura di | ed. by H. Jürgen Papies, K. Zacharias, E. Morawietz, Berlin 2013 (ed. 1996), pp. 16-19

Museum Berggruen. Nationalgalerie Staatliche Museen zu Berlin. Picasso and His Time, a cura di | ed. by H.J. Papies, K. Zacharias, E. Morawietz, Berlin 2013 (ed. 1996)

Kyllikki Zacharias, *The Berggruen Collection*, in *Museum Berggruen. Nationalgalerie Staatliche Museen zu Berlin. Picasso and His time*, a cura di | ed. by H.J. Papies, K. Zacharias, E. Morawietz, Berlin 2013 (ed. 1996), pp. 9-15

2018
Biografien der Bilder. Provenienzen im Museum Berggruen, cat. mostra | exh. cat. (Berlin, Museum Berggruen / Nationalgalerie, 22/11/2018 - 19/05/2019), a cura di | ed. by P. Winter, D. Kachel, S. Haase, Berlin 2018

2022
Gabriel Montua, Veronika Rudorfer, *Introduction: Museum Berggruen / Nationalgalerie Berlin*, in *Picasso and His Time. Masterpieces from Museum Berggruen / Nationalgalerie Berlin*, cat. mostra | exh. cat. (Tokyo, The National Museum of Western Art, 8/10/2022 - 22/01/2023; Osaka, The National Museum of Art, 4/02 2023 - 21/05 2023), Tokyo 2022

2023
Gabriel Montua, Veronika Rudorfer, *Introduction: Museum Berggruen / Nationalgalerie Berlin*, in *Modern Time. Masterpieces from the Collection of Museum Berggruen / Nationalgalerie Berlin*, cat. mostra | exh. cat., Shanghai, UCCA Edge, 22/06 - 8/10/2023; Beijing, UCCA, 11/11/2023 - 25/02/2024), Beijing 2023, pp. 12-16

Opere e artisti / Works and Artists

1904
Émile Bernard, *Paul Cézanne*, in «L'Occident», 32, luglio | July 1904, pp. 17-30

1920
Der Ararat, Zweites Sonderheft, Paul Klee, Katalog der 60. Ausstellung der Galerie Neue Kunst. Hans Goltz. Mai-Juni 1920, vol. 1, München 1920

Paul Klee, *Schöpferische Konfession*, cura di | ed. by K. Edschmid, Berlin, Erich Reiss Verlag, 1920, pp. 28-40, in *Tribüne der Kuns und Zeit, Eine Schriftensammlung*, XIII), in *Paul Klee. Schriften. Rezensionen und Aufsätze*, cura di | ed. by C. Geelhaar, Köln 1976, pp. 171-175

Martin Minden, *Aufstieg oder Abstieg? Die moderne Kunst an der Grenze des Verrückten*, in «Reclams Universum», 36, 28, 15/04/1920, pp. 451-454

Leopold Zahn, *Paul Klee. Leben, Werk, Geist*, Potsdam 1920

1921
Wilhelm Hausenstein, *Kairuan oder eine Geschichte vom Maler Paul Klee und von der Kunst dieses Zeitalters*, München 1921

1922
Paul Rosenberg, *Pablo Ruiz Picasso*, München 1922

1924
André Breton, *Manifeste du surréalisme*, Paris 1924, pp. 7-74

1926
Émile Bernard, *Souvenirs sur Paul Cézanne: une conversation avec Cézanne*, Paris 1926

1928
André Level, *Picasso*, Paris 1928

1930
Hans-Friedrich Geist, *Kinder über Paul Klee*, in «Das Kunstblatt», I, 14, 1930, pp. 21-26

1932
Christian Zervos, *Pablo Picasso*, Milano 1932

Christian Zervos, *Pablo Picasso*, in «Cahiers d'art», 33 vols., 1932-1978

1933
Robert Böttcher, *Kunst und Kunsterziehung im neuen Reich*, Breslau 1933

Privatsammlungen neuer Kunst. Die Sammlung Ida Bienert Dresden, cura di | ed. by Will Grohmann, vol. I, Potsdam 1933

1936
Lionello Venturi, *Cézanne: son art, son œuvre*, Paris 1936

1938
Christian Zervos, *Tableaux magiques de Picasso*, in «Cahiers d'art», 13, 3-10, 1938, pp. 73-136

1940
Jean Cassou, *Picasso*, Paris 1937 (Paris/New York 1940)

1944
Paul Éluard, *A Pablo Picasso*, Génève 1944

Xavier Gonzales, *Notes from Picasso's Studio*, in «New Masses», 53, 12, 19/12/1944, pp. 24-26

1946
Alfred H. Barr, *Picasso. Fifty Years of his Art*, New York 1946

Jaime Sabartés, *Picasso. Un portrait intime*, Paris 1946

1949
Christian Zervos, *Pablo Picasso*, voll | vols. I-XXIX, Paris 1949-1986

1950
Florent Fels, *L'Art vivant de 1900 à nos jours*, vol. 1, Génève 1950

1952
Le maître avait une élève secrète, son modèle il y a 30 ans, in «Paris Match», 13-20/11/1952, p. 34

1954
Will Grohmann, *Paul Klee*, Génève-Stuttgart 1954

1955
Wilhelm Boeck, *Picasso*, prefazione | preface J. Sabartés, Stuttgart 1955

Frank Elgar, R. Maillard, *Picasso*, Paris 1955

1958
Alfred Neumeyer, *Cézanne Drawings*, New York 1958

Roland Penrose, *Picasso: His Life and Work*, London 1958 (1971).

Paul Reverdy, *Dernières œuvres de Henri Matisse*, in «Verve», Paris 1958, pp. 35-36

1959
Maurice Jardot, *Pablo Picasso. Dessins*, Paris 1959

Maurice Raynal, *Picasso*, Génève 1959

John Russel, *Georges Braque*, London 1959

1960
Robert Rosenblum, *Der Kubismus und die Kunst des 20. Jahrhunderts*, Stuttgart 1960

1962
Jacques Dupin, *Alberto Giacometti*, Paris 1962

1963
Bernhard Gheerbrant, *Paul Klee par lui-même et par son fils Felix Klee*, Paris 1963

1964
François Gilot, Carlton Lake, *Life with Picasso*, New York 1964 (ristampa | reprint 1989, 2019).

Raoul-Jean Moulin, *Giacometti: Sculptures*, New York 1964

1965
James Lord, *A Giacometti Portrait*, New York 1965

Denis Milhau, *Picasso et le théâtre*, cat. mostra | exh. cat. (Toulouse, Musée des Augustins, 1965), Toulouse 1965

1966
Pierre Courthion, *Les grandes étapes de l'art contemporain 1907–1917*, in «XXe siècle», 26, 1966, pp. 75-88

Pierre Daix, Georges Boudaille, *Picasso 1900-1906. Catalogue raisonné de l'œuvre peint*, Neuchâtel 1966 (New York-London-Barcelona-München 1967)

1967
Robert J. Goldwater, *Primitivism in Modern Art*, New York 1967

Picasso, collection *Génies et Réalités*, Paris 1967

1968
Franz Meyer, *Alberto Giacometti. Wirkung und Gestalt*, Frauenfeld 1968

Raoul-Jean Moulin, *Henri Matisse. Dessins*, Paris 1968

Georges Bloch, *Pablo Picasso, Catalogue de l'œuvre gravé et lithographié*, 4 voll. | vols., Bern 1968-1979

1970
Georges Duthuit, *Dernière étape: les papiers découpés*, in «XXe siècle, Hommage à Henri Matisse», Paris 1970, pp. 75-84

Paul Klee, *Unendliche Naturgeschichte. Prinzipielle Ordnung der bildnerischen Mittel, verbunden mit Naturstudium, und konstruktive Kompositionswege. Form und Gestaltungslehre*, vol. 2, a cura di | ed. by Jürg Spiller, Basel-Stuttgart 1970

1971
Louis Aragon, *Henri Matisse, roman*, 2 voll. | vols., Paris 1971.

Massimo Carrà, Mario Luzi, *L'opera di Matisse dalla rivoltella "fauve" all'intimismo 1904-1928*, Milano 1971

Pierre Descargues, Francis Ponge, André Malraux, *Georges Braque*, Paris-Stuttgart 1971

Reinhold Hohl, *Alberto Giacometti*, Lausanne 1971

Homage to Picasso. Special issue of the XXe siècle review, New York 1971

Jean Leymarie, *Picasso. Métamorphoses et unité*, Génève 1971

1972
Douglas Cooper, *The Chronology of Cézanne*, in «The Times Literary Supplement», London, 14/04/1972, p. 414

Dominique Fourcade, *Henri Matisse, Ecrits et propos sur l'art*, Paris 1972

Christian Geelhaar, *Paul Klee und das Bauhaus*, Köln 1972

Christian Geelhaar, *Paul Klee: Früchte auf Rot*, in «Pantheon», 30, 3, 1972, pp. 222-228

William Rubin, *Picasso in the Collection of The Museum of Modern Art*, New York 1972

Leo Steinberg, *Other Criteria, Confrontations with Twentieth-Century Art*, New York 1972

1973
Adrien Chappuis, *The Drawings of Paul Cézanne, A Catalogue Raisonné*, London 1973

Mario De Micheli, *Scritti di Picasso*, Milano 1973

1974
J.M. Nash, *Cubism, Futurism and Constructivism*, London 1974

1975
Pierre Cabanne, *La guerre, le parti, la gloire, l'homme seul: 1937-1973*, Paris 1975

Jeanine Warnod, *Le Bateau-Lavoir. 1892-1914*, Paris 1975

1976
Leo Steinberg, *Who Knows the Meaning of Ugliness?*, in *Picasso in Perspective*, a cura di | ed. by Gert Schiff, Englewood Cliffs 1976, pp. 137-139

1977
Alfred H. Barr Jr., *Painting and Sculpture in the Museum of Modern Art, 1929-1967*, New York 1977

David R. Burnett, *Klee as Senecio. Self-Portraits 1908-1922*, in «Art International», 21, 6, 1977, p. 12-18

Jack Cowart, *Henri Matisse: Paper Cut-Outs*, cat. mostra | exh. cat. (Washington, National Gallery of Art, 10/09 – 23/10/1977; Detroit, Institute of Art, 23/11/1977 – 8/01/1978; Saint Louis, Art Museum, 29/01 – 12/03/1978), St. Louis-Detroit 1977

Pierre Daix, *La vie de peintre de Pablo Picasso*, Paris 1977

Fiorella Minervino, Françoise Cachin, *Tout l'œuvre peint de Picasso 1907-1916*, Paris 1977

1978
John Elderfield, *The Cut-Outs of Henri Matisse*, London 1978

Charles W. Millard, *The Matisse Cut-Outs*, in «The Hudson Review», 31, 2, estate | summer 1978, pp. 320-327

1979
Pierre Daix, Joan Rosselet, *Le Cubisme de Picasso. Catalogue raisonné de l'oeuvre peint 1907-1916*, Neuchâtel 1979

Paul Klee. Beiträge zur bildnerischen Formlehre. Faksimilierte Ausgabe des Originalmanuskripts von Paul Klees erstem Vortragszyklus am staatlichen Bauhaus Weimar 1921/22, a cura di | ed. by J. Glaesemer, Paul Klee-Stiftung and Kunstmuseum Bern, Basel-Stuttgart 1979

Paul Klee. Briefe an die Familie 1893-1940, vol. 1: 1893-1906, vol. 2: 1907-1940, a cura di | ed. by Felix Klee, Köln 1979

1980
Pierre Daix, Paolo Lecaldano, *Tout l'œuvre peint de Picasso, périodes bleue et rose*, Paris 1980

Linda Nochlin, *Picasso's Color: Schemes and Gambits*, in «Art in America», 68, 10, dicembre | December 1980, pp. 105-123, 177-183

Pablo Picasso. Retrospektive im Museum of Modern Art, a cura di | ed. by William Rubin, New York-München 1980

1981
A Picasso Anthology: Documents, Criticism, Reminiscences, a cura di | ed. by Marilyn McCully, London 1981

Götz Adriani, *Paul Cézanne: Aquarelle 1866–1906*, Köln 1981

Josep Palau i Fabre, *Picasso vivant (1881-1907) / Picasso. Kindheit und Jugend eines Genies 1881-1907*, Paris-München 1981

1982
Alvin Martin, *Georges Braque et les origines du langage du cubism synthétique*, in *Georges Braque: Les papiers collés*, Paris 1982, pp. 43-56

Uta Gerlach-Laxner, *Paul Klee und der Orient. Die Auswirkung auf sein Werk unter besonderer Berücksichtigung seiner Tunesienreise 1914*, in *Die Tunisreise. Klee, Macke, Moilliet*, cat. mostra | exh. cat, a cura di | ed. by Ernst-Gerhard Güse, Münster-Bonn 1982-1983,

1983
Marguerite Duthuit-Matisse, Claude Duthuit, *Henri Matisse, Catalogue raisonné de l'œuvre gravé, établi avec la collaboration de Françoise Garnaud*, 2 vols., Paris 1983

Jean-Charles Gateau, *Éluard, Picasso et la peinture,* Génève 1983

Andrew Kagan, *Paul Klee. Art and Music*, Ithaca, N.Y., 1983

John Rewald, *Paul Cézanne: The Watercolors. A Catalogue Raisonné*, Boston 1983

John McEwen, *Squaring an Old Account*, in «The Sunday Times Mag-azine», 24/04/1983, p. 34

Werner Spies, Christine Piot, *Picasso. Das plastische Werk*, cat. mostra | exh. cat., Berlin-Düsseldorf 1983-1984

1984
William Rubin, *Picasso*, in *Primitivism in Twentieth-Century Art*, cat. mostra | exh. cat. (New York, MoMA, 27/09/1984 – 15/01/1985), New, pp. 241-343

Pierre Schneider, *Matisse*, Paris 1984

1985
James Lord, *Giacometti: A Biography*, New York 1985

1986
Jack Cowart, Dominique Fourcade, *Henri Matisse, The Early Years in Nice 1916-1930*, cat. mostra | exh. cat. (Washington, National Gallery of Art, 2/11/1986 – 29/03/1987), Washington 1986

John Rewald, *Cézanne. A Biography*, Köln 1986

Werner Spies, *Picasso. Pastelle, Zeichnungen, Aquarelle*, cat. mostra | exh. cat. (Tübingen, 5/04 – 1/06/ 1986), Tübingen-Düsseldorf 1986

Bernhard Geiser, Brigitte Baer, *Picasso, peintre-graveur, Catalogue illustré de l'œuvre gravé et lithographié*, 7 voll. | vols., Bern 1986-1996

1987
Pierre Daix, *Picasso Créateur, La vie intime et l'œuvre*, Paris 1987

Stefan Frey, Wolfgang Kersten, *Paul Klees geschäftliche Verbindung zur Galerie Alfred Flechtheim*, in *Alfred Flechtheim. Sammler, Kunsthändler, Verleger*, cat. mostra | exh. cat. (Düsseldorf, Kunstmuseum, 20/09 – 1/11/1987), a cura di | ed. by Hans-Albert Peters, Düsseldorf-Münster 1987-1988, pp.64-91

Herbert Matter, Mercedes Matter, *Alberto Giacometti*, New York 1987

1988
Les Demoiselles d'Avignon, cat. mostra | exh. cat. (Paris, Musée Picasso, 28/01 – 18/04/1988), a cura di | ed. by Hélène Seckel, 2 voll. | vols., Paris 1988

Geneviève Breerette, *La genèse d'un tableau*, in «Le Monde», 30/01/1988, p. 17

Marie-Laure Bernadac, *Picasso 1953-1972: Painting as Model*, in *Late Picasso: Paintings, Sculpture, Drawing, Prints, 1953-1972*, cat. mostra | exh. cat. (Paris, Musee national d'art moderne, 17/02 – 16/05/1988; London, Tate Gallery, 23/06 – 18/09/1988), London 1988, pp. 49-94

Yve-Alain Bois, *Painting as Trauma*, in «Art in America», giugno | June 1988, pp. 131-140, 172-173

Paul Klee. Tagebücher 1898-1918, Textkritische Neuedition, a cura di | ed. by Paul-Klee-Stiftung, Kunstmuseum Bern, Wolfgang Kersten (rev.), Stuttgart 1988

Leo Steinberg, *The Philosophical Brothel*, in «October», 44, primavera | Spring 1988, pp. 7-74

1989
William Rubin, *Picasso and Braque: An Introduction*, in William Rubin, *Picasso and Braque: Pioneering Cubism*, cat. mostra | exh. cat. (New York, The Museum of Modern Art, 24/09/1989 – 16/01/1990), New York 1989 , pp. 15-62

1990
Josep Palau i Fabre, *Picasso Cubism 1907-1917*, Barcelona, Polígrafa, 1990

1991
Yves Bonnefoy, *Alberto Giacometti. A Biography of his Work*, Paris 1991

Gilles Néret, *Matisse*, Paris 1991

Regine Prange, *Das Kristalline als Kunstsymbol: Bruno Taut und Paul Klee. Zur Reflexion des Abstrakten in Kunst und Kunsttheorie der Moderne*, Hildesheim 1991

John Richardson, *A Life of Picasso, Volume I: 1881-1906*, New York 1991

Carsten P. Warncke, Ingo F. Walther, *Pablo Picasso*, 2 voll. | vols., Köln 1991

1992
Picasso/ Apollinaire Correspondance, a cura di | ed. by Pierre Caizergues, Hélène Seckel, Paris 1992

1993
A. Kosténévich, N. Sémionova, *Matisse et la Russie*, Paris 1993

James Lord, *Picasso and Dora: A Personal Memoir*, New York 1993

Ludwig Ullmann, *Picasso und der Krieg*, Bielefeld 1993

Gregor Wedekind, *Geschlecht und Autonomie. Über die allm.hliche Verfertigung der Abstraktion aus dem Geist des Mannes bei Paul Klee*, in *Die weibliche und die männliche Linie: Das imaginäre Geschlecht der modernen Kunst von Klimt bis Mondrian*, a cura di | ed. by Susanne Deicher, Berlin 1993, pp. 69-112

1994
Judi Freeman, *Picasso and the Weeping Women. The Years of Marie-Térése Walter and Dora Maar*, cat. mostra | exh. cat. (Los Angeles, County Museum of Art, 13/02 – 1/05/1994; New York, The Metropolitan Museum of Art, 12/06 – 4/09/1994; Chicago, Art Institute, 8/10/1994 – 8/01/1995), New York 1994

1995
Neil Cox, Deborah Povey, *A Picasso Bestiary*, London 1995

Wolfgang Kersten, Osamu Okuda, *Paul Klee. Im Zeichen der Teilung. Die Geschichte zerschnittener Kunst Paul Klees 1883-1940 mit vollständiger Dokumentation, cat. mostra | exh. cat. (Düsseldorf,* Kunstsammlung Nordrhein-Westfalen, 21/01 – 17/04/1995; Staatsgalerie Stuttgart, 29/04 – 23/07/1995), Stuttgart 1995

The Picasso Project. Picasso's Paintings, Watercolors, Drawings and Sculpture: A Comprehensive Illustrated Catalogue 1885-1973, From Cubism to Neoclassicism 1917-1919, San Francisco 1995

The Picasso Project. Picasso's Paintings, Watercolors, Drawings and Sculpture: A Comprehensive Illustrated Catalogue, 1885-1973, Neoclassicism I (1920-1921), San Francisco 1995

1996
Susan Grace Galassi, *Picasso's Variations on the Masters: Confrontations with the Past*, New York 1996

Ernst Gombrich, *Schatten. Ihre Darstellung in der abendländischen Kunst*, Berlin 1996

Picasso and Portraiture. Representation and Transformation, cat. mostra | exh. cat. (New York, The Museum of Modern Art, 28/04 – 17/09/1996; Paris, Grand Palais, ottobre | October 1996 – gennaio | January 1997), a cura di | ed. by Willam Rubin, New York-Paris-London 1996

The Picasso Project. Picasso's Paintings, Watercolors, Drawings and Sculpture: A Comprehensive Illustrated Catalogue 1885-1973, Neoclassicism II: 1922-1924, San Francisco 1996

John Rewald, *The Paintings of Paul Cézanne. A Catalogue Raisonné*, New York 1996

John Richardson, *A Life of Picasso, Volume II: 1907-1917*, New York 1996

Otfried Schütz, *Henri Matisse. Die blauen Akte*, Frankfurt am Main-Leipzig 1996

1997
Brigitte Baer, *Picasso The Engraver*, cat. mostra | exh. cat. (New York, The Metropolitan Museum of Art, 1997), London 1997

Und ich flog. Paul Klee in Schleißheim, cat. mostra | exh. cat. (München, Flugwerft Schleißheim, 8/05 – 30/09/1997), a cura di | ed. by Margareta Benz-Zauner, Sabine Cichowski, Werner Heinzerling, München 1997

Kirk Varnedoe, Pepe Karmel, *Picasso; Masterworks from The Museum of Modern Art*, New York 1997

Rudolf Vogel, Wilfried Wurtinger, *Paul Klee in Gersthofen*, in *Und ich flog. Paul Klee in Schleißheim*, cat. mostra |exh. cat. (München, Flugwerft Schleißheim, 8/05 – 30/09/1997), München 1997, pp. 51-58

Anne Baldassari, *1917-21: 1917-1924, Tracing Picasso's Iconography from* L'Italienne *(The Italian Woman) to* Femmes à la fontaine *(Women at the Spring)*, in *Picasso 1917-1924: Il viaggio in Italia*, cat. mostra | exh. cat. (Venezia, Palazzo Grassi, febbraio | February 1998), London 1998, pp. 100-105

Picasso, Propos sur l'art, a cura di | ed. by Marie-Laure Bernadac, Androula Michael, Paris 1998

Paul Klee. Catalogue Raisonné, a cura di | ed. by Paul-Klee-Stiftung, Kunstmuseum Bern, Bern 1998-2004, 9 voll. | vols.

Picasso and the War Years, 1937- 1945, cat. mostra | exh. cat. (Fine Arts Museums of San Francisco, California Palace of the Legion of Honor, 10/10/1998 – 3/01/1999; New York, Solomon R. Guggenheim Museum, 3/02 – 26/04/1999), a cura di | ed. by Steven A. Nash, New York 1998

The Picasso Project. Picasso's Paintings, Watercolors, Drawings and Sculpture: A Comprehensive Illustrated Catalogue 1885-1973, Picasso and the War Years: 1937-1945, San Francisco 1998

Les Picassos de Dora Maar: Succession de Madame Markovitch, cat. asta | auc. cat. (Paris, Galerie Mathias, 27-28/10/1998)

1999
Elke Linda Buchholz, Beate Zimmermann, *Pablo Picasso. Leben und Werk*, Köln 1999

Pamela Kort, *Paul Klee und der Mythos. Die rebellische Stimme der Kunst*, in *Paul Klee. In der Maske des Mythos*, cat. mostra | exh. cat. (München, Haus der Kunst, 1/10/1999 – 2/01/2000; Rotterdam, Museum Boijmans Van Beuningen, 2000), Köln 1999, pp. 9-38
Ann-Katrin Günzel, *Mythologische Glossar*, in *Paul Klee. In der Maske des Mythos*, cat. mostra | exh. cat. (München, Haus der Kunst, 1/10/1999 – 2/01/2000; Rotterdam, Museum Boijmans Van Beuningen, 2000), Köln 1999, pp. 264-285

Paul Klee. In der Maske des Mythos, cat. mostra | exh. cat. (München, Haus der Kunst, 1/10/1999 – 2/01/2000; Rotterdam, Museum Boijmans Van Beuningen, 2000), a cura di | ed. by Pamela Kort, Köln 1999

Picasso and Photography. The Dark Mirror, cat. mostra | exh. cat. (London, The Barbican Art Gallery, 29/01 – 28/03/1999), Paris 1999

The Picasso Project. Picasso's Paintings, Watercolors, Drawings and Sculpture: A Comprehensive Illustrated Catalogue, 1885-1973, Nazi Occupation: 1940-1944, San Francisco 1999

2000
Mary Ann Caws, *Dora Maar. With & Without Picasso: A Biography*, London 2000

Lisa Florman, *Myth and Metamorphosis. Picasso's Classical Prints of the 1930s*, Cambridge 2000

Liselotte Heilmeier-Beerheide, *Solidarität der Frauen oder Männer allein schaffen es nicht*, München 2000

Brigitte Léal, Christine Piot, Marie-Laure Bernadac, *The Ultimate Picasso*, New York 2000

Schätze der Weltkulturen in den Sammlungen der Stiftung Preußischer Kulturbesitz, a cura di | ed. by Klaus-Dieter Lehmann, Berlin 2000

Osamu Okuda, *Erinnerungsblick und Revision. Über den Werkprozess Paul Klees in den Jahren 1919-1923*, in *Paul Klee. Kunst und Karriere. Beiträge des Internationalen Symposiums in Bern*, a cura di | ed. by Oskar Bätschmann, Josef Helfenstein, Bern 2000, pp. 159-172

Paul Klee. Die Kunst des Sichtbarmachens. Materialien zu Klees Unterricht am Bauhaus, cat. mostra | exh. cat. (Pfäffikon SZ, Seedamm Kulturzentrum, 14/05 – 30/07/2000), a cura di | ed. by M. Baumgartner, R. Savelli, Kunstmuseum Bern, Paul-Klee-Stiftung and Seedamm Kulturzentrum Pfäffikon, Bern 2000

The Picasso Project. Picasso's Paintings, Watercolors, Drawings and Sculptures: A Comprehensive Illustrated Catalogue, 1885-1973, The Fifties I, 1950-1955, San Francisco 2000

Werner Spies, Christine Piot, *Picasso. The Sculptures. Catalogue raisonné*, Stuttgart 2000

Schätze der Weltkulturen in den Sammlungen der Stiftung Preußischer Kulturbesitz, a cura di | ed. by Klaus-Dieter Lehmann, Berlin 2000

2001
Yve-Alain Bois, *Matisse and Picasso*, Paris 2001

Dora Maar, cat. mostra | exh. cat. (München, Haus der Kunst, 13/10/2001 – 6/01/2002), München 2001

Paul Klee. Jahre der Meisterschaft 1917-1933, cat. mostra | exh. cat. (Balingen, Stadthalle Balingen, 28/07 – 30/09/2001), intr. di | by R. Doschka, München 2001

2002
Elizabeth Cowling, *Picasso: Style and Meaning*, London 2002

Vivian Endicott Barnett, *The Blue Four Collection at the Norton Simon Museum*, New Haven 2002

Henri Matisse, Drawing with Scissors: Masterpieces from the Late Years, cat. mostra | exh. cat. (Frankfurt, Schirn Kunsthalle, 20/12/2002 – 2/03/2003 / Sammlung Berggruen, Staatlichen Museen zu Berlin, 13/03 – 25/05/2003), a cura di | ed. by Olivier Berggruen, Max Hollein, München 2002

2003
André Breton. 42, rue Fontaine. Livres I, cat. asta | auc. cat. (7-9/04/2003), Paris 2003

The Picasso Project. Picasso's Paintings, Watercolors, Drawings and Sculptures: A Comprehensive Illustrated Catalogue, 1885-1973, The Sixties III, 1968-1969, San Francisco 2003

2005
Heinz Berggruen, *Die Giacomettis und andere Freunde*, Berlin 2005

Ina Conzen, *Picasso Bathers*, Stuttgart 2005

Hilary Spurling, *Matisse The Master. A Life of Henri Matisse, vol. 2, The Conquest of Colour, 1909-1954*, London 2005

2006
Anne Baldassari, *Picasso: Love and War, 1935-1945: Life with Dora Maar*, cat. mostra | exh. cat. (Paris, Musée Picasso, 2006; Melbourne, National Gallery of Victoria, 30/06 – 8/10/2006), Paris 2006

Kathrin Elvers-Svamberk, *Paul Klee: Tempel – Städte – Paläste*, in *Paul Klee: Tempel – Städte – Paläste*, exh. Cat. (Saarland-Museum Saarbrücken, 14/10/2006 – 14/01/2007), a cura di | ed. by Ralph Melcher, Saarbrücken 2006, pp. 10-21

2007
Ulrich Müller, *Albert Einstein et l'Avant-garde artistique*, trad. | trans. Marc Beghin, in «Ligeia», 2007/1, pp. 111-122

John Richardson, *A Life of Picasso, Volume III: 1917-1932*, New York 2007

Werner Spies, *Picasso - Skulpturen. Werkverzeichnis der Skulpturen*, Ostfildern 2007

2008
Lisa Florman, *Classical Movements: Picasso's Metamorphoses Illustrations and the Suite Vollard*, in *Picasso Harlequin, 1917-1937*, cat. mostra | exh. cat. (Rome, Complesso del Vittoriano, 11 October 2008–8 February 2009), a cura di | ed. by Yve-Alain Bois, Milano 2008, pp. 89-99

Alberto Giacometti, *Ecrits: Articles, notes et entretiens*, Paris 2008

Picasso et les maîtres, cat. mostra | exh. cat. (Paris, Galeries nationales du Grand Palais; Paris, Musée du Louvre, 8/10/2008 – 2/02/2009), a cura di | ed. by Pierre Vallaud, Paris 2008

2009
Olivier Berggruen, *Seven Line Drawings by Picasso*, New York 2009

Gilles Néret, *Henri Matisse. CutOuts. Zeichnen mit der Schere*, Hong Kong 2009

2010
Stephanie D'Alessandro, John Elderfield, *Matisse, Radical Invention 1913-1917*, cat. mostra |exh. cat. (Art Institute of Chicago, 20/03 – 20/06/2010; New York, The Museum of Modern Art, 18/07 – 11/10/2010), Chicago-New York 2010

Klee trifft Picasso, cat. mostra | exh. cat. (Bern, Zentrum Paul Klee, 6/06 – 26/09/2010), Bern 2010

2011
Paul Klee. Art in Making 1883-1940, a cura di | ed. by Wolfgang Kersten, Yuko Ikeda, Kenjin Miwa, Tokyo 2011

2014
Henri Matisse: The Cut-Outs, cat. mostra | exh. cat. (London, Tate Modern, 2014; New York, The Museum of Modern Art, 12/10/2014 – 10/02/2015), a cura di | ed. by Karl Buchberg et al., New York 2014

Rebecca Rabinow, *Confetti Cubism*, in *Cubism: the Leonard A. Lauder Collection*, cat. mostra |exh. cat. (New York, The Metropolitan Museum of Art, 2014-2015), a cura di | ed. by Emily Braun and Rebecca Rabinow, New York 2014, pp. 156-163

2015
Wolfgang Kersten, Osamu Okuda, Marie Kakinuma, *Kommentierter Katalog der "Sonderklasse"-Werke*, in *Paul Klee. Sonderklasse unverkäuflich*, a cura di | ed. by Zentrum Paul Klee, Bern and Museum der bildenden Künste Leipzig, Köln 2015, pp. 441-445

Ann Temkin et al., *Picasso Sculpture*, cat. mostra | exh. cat. (New York, The Museum of Modern Art, 14/09/2015 – 7/02/2016), New York 2015

2016
Michael Baumgartner, *Paul Klee und die Surrealisten*, in *Paul Klee und die Surrealisten*, cat. mostra | exh. cat. (Bern, Zentrum Paul Klee, 18/11/2016 – 12/03/2017), a cura di | ed. by Michael Baumgartner et al., Berlin 2016, pp. 8-39

Paul Klee. Irony at Work, cat. mostra | exh. cat. (Paris, Musée national d'art moderne, Centre Pompidou, 6/04 – 1/08/2016), a cura di | ed. by Angela Lampe, München-London-New York 2016

Das Universum Klee, cat. mostra | exh. cat. 2016-2017), a cura di | ed. by Dieter Scholz, Christina Thomson, Berlin 2016

2017
Picasso tra Cubismo e Classicismo / Picasso Between Cubism and Classicism, 1915-1925, cat. mostra | exh. cat. (Rome, Scuderie del Quirinale, 22/09/2017 – 21/01/2018), a cura di | ed. by Olivier Berggruen, Milano 2017

2018
Christoph Asendorf, *Gleitende Übergänge. Klees Räume in der "Liquid Modernity"*, in «Zwitscher-Maschine. Journal on Paul Klee», 6, Bern, Zentrum Paul Klee, 2018, pp. 30-47 (https://www.zwitscher-maschine.org/klee-liquid-modernity)

Adrien Goetz, *Comment les "Arlequins" de Picasso sont devenues des "chefs-d'œuvre"*, in *Picasso. Chefs-d'œuvre!*, cat. mostra | exh. cat. (Paris, Musée national Picasso, 4/09/2018 – 13/01/2019), a cura di | ed. by Emilie Bouvard and Coline Zellal, Paris 2018, pp. 86-91

Paul Klee. Musik und Theater in Leben und Werk, cat. mostra | exh. cat. (München, Galerie Thomas, 23/02 – 9/06/2018), a cura di | ed. by Christine Hopfengart, Köln 2018

Paul Klee. Konstruktion des Geheimnisses, cat. mostra | exh. cat. (Bayerische Staatsgemäldesammlungen, Pinakothek der Moderne München, 1/03 – 10/06/2018), a cura di | ed. by Oliver Kase, München 2018

Sabartés por Picasso por Sabartés, cat. mostra | exh. cat. (Barcelona, Museu Picasso de Barcelona, 23/11/2018 – 31/03/2019), a cura di | ed. by Bettina Moll, Barcelona 2018

2019
Ute Ackermann, *Frühe Pläne. Die Bauhaus-Siedlung*, in *Haus am Horn. Bauhaus-Architektur in Weimar*, a cura di | ed. by Anke Blümm, Martina Ullrich, München 2019, pp. 70-73.

Haus am Horn. Bauhaus-Architektur in Weimar, cat. mostra | exh. cat. (Klassik Stiftung Weimar, 18/05/2019), a cura di | ed. by Anke Blümm, Martina Ullrich, München 2019

Gloria Köpnick, *"Jedes einzelbe Bild ist eine Kostbarkeit". Paul Klee in Oldenburg*, in «Zwitscher-Maschine. Journal on Paul Klee», estate | Summer 2019, pp. 40-54. (https://www.zwitscher-maschine.org/paul-klee-in-oldenburg).

2021
Cézanne Drawing, cat. mostra | exh. cat. (New York, The Museum of Modern Art, 6/06 – 25/09/2021), a cura di | ed. by Jodi Hauptman, Samantha Friedman, New York 2021

John Richardson, *A Life of Picasso, Volume IV: The Minotaur Years, 1933-1943*, New York 2021

Sitografia / Sitography

Museumportal, "Museum Berggruen. Staatliche Museen zu Berlin": https://www.museum-sportal-berlin.de/it/musei/mu-seum-berggruen/

Staatliche Museen zu Berlin, "About the Collection": https://www.smb.museum/en/museu-ms-institutions/museum-berggruen/collection-research/about-the-collection/

Staatliche Museen zu Berlin. "History of the Staatliche Museen zu Berlin": https://www.smb.museum/en/about-us/history/

Staatliche Museen zu Berlin, "Profile of the Museum Berggruen": https://www.smb.museum/en/museums-institutions/museum-berggruen/about-us/profile/

Staatliche Museen zu Berlin, "Profile of the Staatliche Museen zu Berlin": https://www.smb.museum/en/about-us/profile/

CREDITI
CREDITS

© Succession Alberto Giacometti, Succession H. Matisse, Succession Picasso, by SIAE 2024

Andrea Avezzù, su concessione del Ministero della Cultura - Gallerie dell'Accademia: pp. 14-47

bpk / Nationalgalerie, SMB, Museum Berggruen / Jens Ziehe: pp. 51-75, 79-81, 84-91, 93, 97-101, 104-109, 111

bpk / Nationalgalerie, SMB, Museum Berggruen / Volker-H. Schneider: p. 83

bpk / Nationalgalerie, SMB, Museum Berggruen / Roman März: pp. 92, 95, 102, 103, 110

© Berggruen Archive, Photo © Center for Creative Photography, Arizona Board of Regents. Photography by John Gutmann: p. 112

© Berggruen Archive: p. 114

© Berggruen Archive, Photo © Hélène Adant: p. 115

© Berggruen Archive, Photo © the estate of Manfred Tischer, tischer.org: p. 117

© Berggruen Archive, Photo © Barbara Klemm: pp. 118, 120

© Photography by HC Krass, Berlin: p. 119

Coordinamento editoriale / Editorial coordination
Camilla Brunazzo Chiavegato

Progetto grafico / Graphic Design
Matteo Rosso
Sebastiano Girardi Studio

Ricerca iconografica / Iconographic research
Alice Montagnin

Traduzioni / Translations
Emanuela Cervini
(inglese/English - italiano/Italian)
Shaun Whiteside
(italiano/Italian - inglese/English)

Redazione / Copy editing
Rosanna Alberti (italiano/Italian)
Kim Scott (inglese/English)

Prima edizione / First edition
aprile / April 2024

ISBN 979-12-5463-201-7

Available through ARTBOOK | D.A.P.
75 Broad Street, Suite 630 New York, NY 10004
www.artbook.com

Fotolito e stampa | Reproduction and Printing
Grafiche Antiga s.p.a., Crocetta del Montello (TV)

Per | For
Marsilio Arte s.r.l., Venezia / Venice

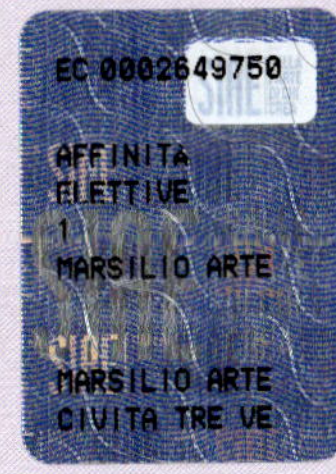